A crise da meia-idade feminina

CIP-BRASIL. CATALOGAÇÃO NA FONTE
SINDICATO NACIONAL DOS EDITORES DE LIVROS, RJ

S549c

Shellenbarger, Sue
  A crise da meia-idade feminina : e como ela está transformando as
mulheres de hoje / Sue Shellenbarger ; tradução Carolina Caires Coelho. -
Campinas, SP : Verus, 2010.

  Tradução de: The breaking point : how female midlife crisis is
transforming today's women
  Apêndice
  Inclui bibliografia
  ISBN 978-85-7686-079-2

  1. Mulheres de meia-idade - Psicologia. 2. Mulheres de meia-idade -
Atitudes. 3. Mulheres de meia-idade - Conduta de vida. I. Título.

10-2836
                                      CDD: 305.2442
                                      CDU: 316.346.2-055.2

SUE SHELLENBARGER

A crise da meia-idade
feminina

e como ela está transformando
as mulheres de hoje

Tradução
Carolina Caires Coelho

TÍTULO ORIGINAL
The Breaking Point
How Female Midlife Crisis Is Transforming Today's Women

EDITORA
Raïssa Castro

COORDENADORA EDITORIAL
Ana Paula Gomes

COPIDESQUE
Anna Carolina G. de Souza
Renata Coppola Fichtler

REVISÃO
Aline Marques

DIAGRAMAÇÃO
Daiane Avelino

CAPA
André S. Tavares da Silva

Copyright © Sue Shellenbarger, 2004

Tradução © Verus Editora, 2010

Todos os direitos reservados, no Brasil, por Verus Editora.
Nenhuma parte desta obra pode ser reproduzida ou transmitida por qualquer forma
e/ou quaisquer meios (eletrônico ou mecânico, incluindo fotocópia e gravação) ou
arquivada em qualquer sistema ou banco de dados sem permissão escrita da editora.

VERUS EDITORA LTDA.
Rua Benedicto Aristides Ribeiro, 55
Jd. Santa Genebra II - 13084-753
Campinas/SP - Brasil
Fone/Fax: (19) 3249-0001
verus@veruseditora.com.br
www.veruseditora.com.br

Aos meus filhos, Margaret, Rich, Lucas, Cristin e James

Agradecimentos

Sou grata a muitas pessoas que me ajudaram e apoiaram este trabalho. Minha coluna no *The Wall Street Journal* foi o ponto de partida, e estou em débito com os executivos e editores de lá, principalmente Paul Steiger, Joanne Lipman e Edward Felsenthal, por oferecerem um ambiente de trabalho capaz de me proporcionar a liberdade intelectual para experimentar novas ideias e assumir diferentes abordagens na escrita. A minha editora, Stefanie Ilgenfritz, devo reconhecimento pela curiosidade e pelas boas indagações, que deram início à ideia da coluna. Aos meus leitores, devo gratidão pelas histórias maravilhosas e pela generosidade, discernimento e bom humor ao dividi-las.

Devo muito a minha agente, Amanda Urban, pela ideia deste livro, pelo auxílio no desenvolvimento inicial e pelo incentivo para seguir adiante. Jennifer Barth, minha editora na Holt, me ofereceu inspiração e interessantes sugestões no momento certo, que permitiram que eu desenvolvesse minhas ideias de maneira mais completa. Sou grata a Jennifer não apenas pela excelente edição do manuscrito, mas por sua paciência enquanto eu me esforçava para terminá-lo.

A pesquisa para este livro foi enriquecida pelas generosas contribuições de centenas de pessoas. Quero agradecer particularmente a Larry Emond e aos colegas da Organização Gallup; Ann Clurman e Margaret Gardner, da Yankelovich Partners; Matt Schueller e seus colegas da Leisure Trends; Dave Howell, do National Election Studies; Jim Crimmins, do Estudo de Estilo de Vida da DDB; Robert Prisuta e seus colegas da Associação Americana de Aposentados; Elaine Wethington, da Universidade Cornell; Janet Lever, da Universidade da Califórnia, em Los Angeles; Thomasina Sharpe, da Universidade de Alabama do Sul; Steve Martin, da Universidade de Maryland, em College Park; Alice S. Rossi, da Universidade de Massachusetts; Ravenna Helson, da Universidade da Califórnia, em Berkeley; e Bert Brim e Carol Ryff, da Pesquisa da Fundação MacArthur sobre o Desenvolvimento Bem-Sucedido na Meia-Idade.

Às cinquenta mulheres que generosa e sinceramente contaram as histórias de sua vida para este livro, devo toda a sabedoria e riqueza existentes nestas páginas. Sou grata ao dr. Murray Stein e à dra. Jan O. Stein pelo meu treinamento na teoria junguiana e pela inspiradora orientação que me deram a respeito de como ela se manifesta em nossa vida.

E aos meus filhos Cristin e James, agradeço pela paciência e pela compreensão que tiveram enquanto eu passava muitas horas trabalhando neste projeto. Minha esperança é que este livro, de alguma maneira, devolva esse presente, fazendo com que eles possam levar uma vida mais profunda e completa.

Sumário

Introdução 11

Parte 1 A revolta sem nome
1 Crise da meia-idade: não é mais coisa só de homem 25
2 O ponto de ruptura: por que a crise de
   meia-idade tem tanta força 54

Parte 2 Os arquétipos: procurando nossa parte perdida
3 A Aventureira 83
4 A Amante 95
5 A Líder 119
6 A Artista 132
7 A Jardineira 145
8 A Buscadora 158

Parte 3 Conectando-se na meia-idade
9 Compartilhando conhecimento 183
10 Ao longo das gerações 201

Anexo A
A definição em desenvolvimento de crise da meia-idade...221
Anexo B
O estudo das cinquenta mulheres 225
Anexo C
Os arquétipos e a pesquisa sobre o envelhecimento 227

Bibliografia..231

Introdução

Descendo uma montanha em um veículo próprio para tal, eu me esforço para controlá-lo enquanto ele chacoalha sem parar. Um amigo adolescente que, em sua bicicleta suja, vai me mostrando o caminho faz sinal de devagar com a mão.

Eu o ignoro. Aos 51 anos, sou fascinada por aventuras.

Ao avistar o tronco de uma árvore enorme, grande o bastante para deter uma caminhonete, faço a curva sobre duas rodas e piso no freio. Sou imbatível. Sem limites. Despreocupada, devo dizer, em relação ao fato de que, com tão pouca experiência em terrenos montanhosos, sou como uma granada prestes a explodir.

Por 25 anos, tenho sido a mãe que trabalha, que cuida da casa, da família, dos filhos, do emprego e de uma vida intensa na cidade. Na meia-idade, me tornei alguém que ninguém conhece, uma maluca de cabelos grisalhos em um capacete que mostra o rosto todo, um pé pesado demais no acelerador e um desejo por aventura tão forte que me tira o sono.

Acampada com um grupo de aventureiros nas montanhas Rochosas do Oregon, me sinto lisonjeada ao ser convidada a sair dirigindo com três dos mais audaciosos deles. Conforme ganho velocidade, a euforia acelera minha respiração. As árvores são como grandes borrões, o barulho do motor toma conta de tudo. A velocidade assume o controle dos meus sentidos. Eu me inclino para uma curva brusca.

E então vejo de repente um declive que faz o veículo tremer. Aparece alguma coisa que levanta as duas rodas direitas do quadriciclo. Ele se descontrola e começa a rodar. Piso automaticamente no freio. A terra se inclina. Sou lançada do assento. As árvores giram freneticamente. Bato as costas com força na terra. O céu escurece quando meu Honda 400 EX, de duzentos quilos, tomba e cai de lado sobre o meu corpo.

Quando recupero a consciência, olhos atrás de capacetes estão voltados para mim, espiando como três alienígenas curiosos procurando sinais de vida. "Consegue respirar?", um deles pergunta. "Consegue se mexer?", pergunta a voz por de trás do capacete com viseira.

Mexo calmamente meu pescoço, depois minha coluna, e agradeço por não estar paralisada.

"Ela é muito corajosa, não é?", murmura um de meus companheiros, pensando que não sou capaz de escutá-lo.

Fiquei sabendo depois que a ação rápida dos três ao tirar o quadriciclo de cima de mim me livrou do pior. O prejuízo: a clavícula deslocada a ponto de parecer que um bicho luta para sair de dentro de minha pele. Um hematoma no formato de um quadriciclo se estendia pelo meu peito. Subo, com muita dor, na carona de um dos quadriciclos e seguimos para o acampamento. Meus filhos, de 12 e 15 anos, preocupados, e o restante do acampamento me cercam, perplexos com a capacidade da clavícula de se deslocar daquela maneira, e meu amigo me leva ao pronto-socorro mais próximo, a aproximadamente setenta quilômetros dali.

O que passava pela minha cabeça?

A resposta, obviamente, é que eu não pensava em nada. Apenas sentia. Eu havia mergulhado de cabeça na brincadeira de mau gosto da crise da meia-idade.

Uma série de perdas nessa fase me abalou: a morte do meu pai, o fim do meu casamento de vinte anos e a independência cada vez maior de meus filhos. Os valores que me ajudaram a direcionar minha vida durante décadas – realização, moderação, respeito, sucesso profissional, superação das expectativas alheias – não me importavam mais. Abalada por uma morte emocional, eu senti a verdade da frase de Joseph Campbell: "Meia-idade é quando você alcança o fim da escada e descobre que ela estava encostada na parede errada". Por um tempo, foi como se reprimir meus sonhos e desejos mais profundos – por aventura, por uma vida mais simples e rústica e por maior proximidade com a natureza e com outras pessoas que valorizavam isso também – não valesse mais a pena.

Como a maioria das pessoas, eu nunca havia levado a crise da meia-idade a sério. Pensei que se tratasse de um divertido e passageiro período de regresso à adolescência que leva homens nessa idade a comprar carros esportivos vermelhos e encontrar mulheres para exibir como troféu. Tentando digitar com o braço apoiado em uma tipoia, após o acidente com o quadriciclo, eu tentei entender o assunto na minha coluna "Work & Family", no *The Wall Street Journal*. Tirando sarro de mim mesma por ter sofrido um dos acidentes mais estúpidos de minha vida, escrevi: "A crise da meia-idade é um clichê, até você passar por uma".

Rapidamente percebi que não estava sozinha. O texto daquele dia obteve o maior número de respostas que recebi em doze anos como colunista. Apesar de alguns leitores de ambos os sexos ficarem assustados ao ver que uma mulher podia sofrer uma crise de meia-idade – "Não fazia a menor ideia de que as mulheres passavam por isso também", escreveu um homem do Texas –, um número bem maior de leitoras se chocou por se reconhecer em meu texto. Dezenas relataram histórias de dor, revolta, renascimento e transformação na meia-idade e disseram não saber que outras mulheres passavam pela mesma coisa. Meu texto, cômico a princípio, tocou um ponto fraco secreto. Claramente, milhões de mulheres na meia-idade haviam atingido um estágio de crise – uma época em que velhos valores e objetivos deixaram de fazer sentido.

Comecei a reunir mais histórias. Por meio de anúncios de jornais, contatos com amigos e *e-mails*, identifiquei cinquenta mulheres que haviam passado pelo caos da meia-idade, e cada uma delas gentilmente concordou em contar sua experiência. Em trinta anos como jornalista, eu nunca tinha feito entrevistas tão emocionantes como aquelas. Muitas concordaram em conversar por uma hora, mas a conversa acabou durando entre quatro e cinco horas. Algumas mostraram seus trabalhos artísticos, textos, fotos de jardins, de seus filhos e cães. Temas pesados, como frustração e desespero, o ressurgimento de paixões e desejos inquietantes, a autodescoberta e a renovação, podiam ser vistos em suas histórias. Com cada uma delas aprendi muito sobre os presentes e os desafios da meia-idade.

Livrando-se do passado

Nem todas as mulheres na transição para a meia-idade experimentam sentimentos tão explosivos – ou acessos de tolice – como eu. Existem muitos caminhos por esse período turbulento. Muitas se mantêm mais calmas e sábias, analisando sonhos e desejos renovados, expressando-os em novas buscas e integrando-os a sua vida. Apesar de passar por uma grande mudança no curso da vida, essas mulheres trabalham as mudanças de maneira mais suave. Outras gastam muita energia reprimindo desejos e percebem, tarde demais, que os sonhos negligenciados se tornaram amarguras na alma.

No entanto, há um ponto em comum: em todos os casos, a crise da meia-idade traz novamente para a essência da personalidade do indivíduo características, necessidades ou desejos que foram ignorados ou reprimidos. Lutamos nessa fase para reunir os pedaços de nós mesmos que se perderam – para nos tornarmos completos. De acordo com o psicanalista Murray Stein, que escreveu muito sobre a meia-idade, passamos nesse processo pelos dois principais marcos de nossa vida: "Obtemos nova consciência de nossos limites. E desenvolvemos novas percepções do sentido e da direção para nos guiarmos pelo resto de nossa vida".[1]

Esses temas perpassam todas as histórias de meu estudo com cinquenta mulheres. Uma vendedora da Califórnia escreveu que, aos 50 anos, se sentiu tomada por um desejo tão intenso de um relacionamento íntimo, que ela nunca havia experimentado, que não suportava assistir a cenas românticas na TV ou nos filmes. Logo mergulhou de cabeça no caso de amor mais apaixonado e transformador de sua vida, descobrindo o que era de fato se sentir realmente íntima de alguém.

Aos 48 anos, assustada com a ideia de que não vinha sendo sincera consigo mesma, ou "autêntica" em suas escolhas, uma dona de casa da região Centro-Oeste dos Estados Unidos, voluntária da comunidade, terminou seu casamento e apostou tudo que tinha no antigo sonho de ter a própria empresa. Em pouco tempo, tornou-se CEO de sua bem-sucedida firma de consultoria, expressando sua visão e seus talentos no mundo em geral.

Uma consultora de San Francisco abandonou seu negócio depois de uma longa doença que resultou na morte de seu companheiro, com quem vivia havia 22 anos. Após um período de luto, ela entrou para um clube de motoqueiros, viveu um romance maluco, formou-se em direito e conheceu e se casou com seu novo marido – tudo isso depois dos 41 anos.

Assim como eu, todas as mulheres que escreveram em resposta à minha coluna acreditavam estar sozinhas em sua batalha. "Obrigada por ter dado um nome a isso", escreveu uma mulher que, aos 40 anos, quase se matou em um acidente de bicicleta na praia.

A transição para a meia-idade a fez realizar o sonho de escrever roteiros para a televisão.

Assim como o poder da infância e da adolescência, a crise da meia-idade leva as pessoas a se livrar da antiga pele, como as cobras. Aos 50 anos, a dona de uma pousada em Nova York decidiu que a vida perderia o sentido se ela não pudesse se dedicar à arte. Por isso, fechou seu negócio, colocou um ponto final em seu casamento e deu início a sua carreira como artista e professora de artes. Uma dona de casa de 40 anos, que tinha um antigo desejo de encontrar um mestre espiritual, decidiu tornar esse sonho sua prioridade após terminar seu casamento e passar por um período de intenso crescimento pessoal, que permitiu que ela se tornasse CEO de uma empresa de rápida expansão. Uma executiva de 43 anos largou o emprego após se divorciar, cruzou o Mediterrâneo com um novo e belo namorado francês e decidiu realizar o antigo desejo de cuidar de outras pessoas, fazendo um treinamento para trabalhar como terapeuta. "Todos pensaram que eu havia enlouquecido", ela admite.

Tudo isso vindo de mulheres com passado tranquilo e vida comum que, com base no que prega nossa cultura, deveriam estar pacificamente ancoradas no calmo mar da meia-idade.

Tamanho crescimento tem seu preço. A crise da meia-idade pode ser dolorosa e destruidora, não apenas para as mulheres, mas para seus entes queridos. Pode trazer "uma assustadora ilusão e autodecepção", escreve Stein, evidenciando um comportamento que parece estranho para os outros, engraçado ou simplesmente bizarro. Como uma mulher escreveu em um *e-mail*: "O choque que completar 50 anos pode causar cria um instável coquetel emocional".

Eu mesma tenho sentido esse coquetel há algum tempo. Recuperar o equilíbrio durante a crise da meia-idade pode demorar anos. Após quatro anos em crise, ainda estou até o pescoço com mudanças – adiantada no crescimento pessoal, como descrito na nova pesquisa sobre meia-idade citada neste livro, mas atrasada em outros aspectos. Na época eu não sabia, mas precisava realizar um trabalho interior bastante difícil quando minha crise de meia-idade surgiu, aos 49 anos. Tive de recuperar e restaurar algumas antigas paixões que abandonei aos 20 e poucos anos: o amor pela natureza e por aventuras ao ar livre. Por ter sido criada no campo, em Michigan, e por ter passado a adolescência e o início da vida adulta em acampamentos, sonhava em passar o restante de minha vida adulta em uma fazenda ou no campo e me casar com um lenhador, um fazendeiro ou um boiadeiro.

Deixei tudo isso de lado aos 20 e poucos anos, troquei a fazenda pela cidade e segui o único caminho que conseguia visualizar para construir uma firme identidade pessoal – investir em uma carreira. Construí minha vida de trabalho no jornalismo, conheci e me casei com um homem bom, um executivo e educador criado no subúrbio. O trabalho, a ajuda na criação de meus três queridos enteados e os cuidados aos meus dois filhos biológicos, que se tornaram o centro de minha vida, me mantiveram bastante ocupada por anos. Eu era aquela que equilibrava tudo, ocupada em uma rotina diária de trabalho, família, sono. Eu não tinha energia, mental ou física, para pensar em outra coisa.

Mas, conforme me aproximei de minha sexta década de vida, as perdas foram se acumulando. Meu casamento havia se desgastado em parte devido à nossa tentativa de equilibrar tudo; meu marido e eu deixamos de dar atenção a problemas antigos por tanto tempo que eles se transformaram em cicatrizes. Meu pai morreu repentinamente após um enfarto. A fase em que meus filhos deixariam nossa casa se aproximava, uma vez que já se tornavam adolescentes. Eu sentia desespero o tempo todo – menos quando saía de casa para novas aventuras perto da natureza. Em uma fuga da antiga mãe que eu costumava ser, comecei a gastar dinheiro descontroladamente em equipamentos de esportes, viagens, cursos. Frequentemente faltava ao trabalho, que eu amava, escapando para os únicos lugares onde encontrava paz: a floresta, o deserto ou as montanhas, nas quais costumava andar de esqui ou quadriciclo.

Minha crise da meia-idade chegou ao ápice quando eu tinha 51 anos, quando – se alguém estivesse de olho notaria – comecei a passar mais tempo nas florestas, nas montanhas do Oregon, acampando, esquiando, dançando e me aventurando do que tratando de meus próprios assuntos – escrevendo minha coluna e cuidando de meus filhos e da casa. A família e os amigos me reprovavam. A associação de moradores do bairro solicitou que eu limpasse meu jardim. Às vezes, eu mal me reconhecia. Depois de seguir por tanto tempo o ritmo de trabalho e família, eu me sentia como se estivesse presa, querendo sair, e ninguém me escutasse.

Após dois acidentes de quadriciclo, nos quais tive fraturas, meu editor sugeriu que eu contratasse um motorista e meu médico fazia piadas como: "Tive de checar sua ficha duas vezes, para ter certeza de que estou conversando com uma mulher de 51 anos, e não com uma adolescente de 17". Comecei a me consultar com um terapeuta para tentar controlar minha rebeldia. Em determinado momento, eu me lamentei: "Gostaria de ter vivido tudo isso quando tinha 17 anos".

Hoje, aos 53, estou começando a me reerguer depois da crise da meia-idade. Está claro que atingi um dos objetivos da crise: conhecer e compreender meus limites, e vejo que consegui isso sempre que me olho no espelho. Minha clavícula deslocada continua tão estranha que meu filho adolescente convida seus amigos para vê-la. Depois de 45 minutos tentando colocar meu ombro no lugar, o ortopedista e seu assistente desistiram e afirmaram, de maneira pouco convincente: "Não se preocupe. Não aparece muito". Comprar roupas para sair à noite e roupas de banho se tornou um desafio muito grande; é difícil encontrar vestidos para noite com gola alta.

Uma obrigação imposta pela crise da meia-idade é aprender que reprimir partes criativas, produtivas ou expressivas de si mesmo tem um preço, e você deve ou integrar esses aspectos em sua vida ou ficar em paz com o fato de não poder realizá-los. Assim, estou tentando moldar uma vida mais responsável e integrada, que ajude não apenas a mim, meus filhos, amigos e vizinhos, mas que sirva de bom exemplo aos outros. Ao fazer isso, também consegui progredir no segundo objetivo da crise da meia-idade: descobrir um novo sentido na vida. De maneira alguma estou me aproximando do nirvana, mas pelo menos passei a questionar mais as perguntas certas.

Prontas para a revolta

Como sociedade, subestimamos como ainda podemos nos desenvolver, crescer e mudar aos 40 anos e além. Poucas mulheres estão preparadas para os desejos explosivos que podem surgir durante esse estágio da vida. Menos ainda sabem que precisam passar por esses mares revoltos com sabedoria.

Como uma geração, os 42 milhões de mulheres nascidas no pós-guerra, período de alto índice de natalidade nos Estados Unidos, estão prontas para a revolta – após décadas equilibrando carreira, exigências do trabalho, cuidados com os filhos e com os idosos, afazeres domésticos e casamento desgastado pela jornada dupla de trabalho. Muitas estão cansadas de reprimir as partes delas mesmas que colocaram de lado para manter tudo equilibrado. Muita coisa está em jogo: conforme a expectativa de vida aumenta, a meia-idade não mais é vista como velhice ou como o caminho para a morte. Na verdade, pode ser o equivalente a um terço da vida de uma pessoa, ou a metade. A qualidade dessa fase final depende em grande parte da maneira como o indivíduo passou pela transição para a meia-idade.

A parte 1 deste livro traça um mapa da crise da meia-idade feminina. No primeiro capítulo, pesquisas da Organização Gallup, da Yankelovich Partners, da Leisure Trends, da Associação Americana de Aposentados, da DDB Worldwide e de outras fontes ajudam a mostrar como a crise da meia-idade da mulher está moldando nossa cultura. O segundo capítulo descreve as raízes do grande poder psicológico disso.

A parte 2 oferece um novo princípio de organização para as mulheres na crise da meia-idade. Registra os seis arquétipos dessa crise que surgiram a partir da história de vida das cinquenta mulheres que participaram de meu estudo: a Aventureira, a Amante, a Líder, a Artista, a Jardineira e a Buscadora. Cada um desses tipos reflete uma série de desejos ou objetivos que uma mulher pode expressar ou se esforçar para alcançar nessa época da vida. Qualquer mulher no turbilhão da meia-idade provavelmente conseguirá encontrar a força que a motive aqui.

A parte 3 aborda o sentido de nossa crise de meia-idade, para nós mesmas e para as futuras gerações. O capítulo 9 mostra como essa crise molda o bem-estar na velhice e mostra maneiras de compartilhar a sabedoria adquirida na meia-idade, por meio de histórias e grupos de mulheres. O último capítulo analisa como a crise serve para nos preparar para um dos maiores objetivos da vida: criar um mundo melhor para nossos filhos e para a próxima geração.

Psicólogos e cientistas sociais há muito se preocupam com o motivo que leva a crise de meia-idade a ter tanto poder sobre a mente das pessoas. A cientista social Elaine Wethington, cuja pesquisa é documentada no capítulo 1, atribui sua força ao "simbolismo do potencial desconhecido da velhice de ameaçar o controle sobre sua vida".

Para mim, sua força vem de uma fonte ainda maior: da surpreendente descoberta de que, na meia-idade, muito ainda não foi vivido, de que a vitalidade da alegria, da sexualidade e da autodescoberta ainda está presente, mais forte e motivadora do que nunca.

Espero que as histórias encontradas aqui demonstrem isso e ofereçam um novo e promissor mapa para as mulheres que desejam atravessar a crise da meia-idade sem problemas.

Nota

[1] Murray Stein, *In Midlife: A Jungian Perspective*. Dallas: Spring Publications, 1983, p. 121 (ed. bras.: *No meio da vida: uma perspectiva junguiana*. São Paulo: Paulus, 2007). Os conceitos junguianos citados nesse livro são, em parte, atribuídos ao dr. Stein.

PARTE 1

A revolta sem nome

1
Crise da meia-idade
Não é mais coisa só de homem

O que ganhamos indo até a Lua
Se não fomos capazes de atravessar o
abismo que nos separa de nós mesmos?

– THOMAS MERTON

Em um pequeno escritório no centro de ciência dos Estados Unidos, o Instituto de Pesquisa Social da Universidade de Michigan, Elaine Wethington desvenda enigmas.

Escondida atrás de seu *laptop*, com uma enorme quantidade de dados na tela, ela tem diante de si o maior e mais sistemático estudo a respeito da crise da meia-idade. Wethington, professora adjunta da Universidade Cornell, em licença para pesquisa, faz parte de uma equipe de estudiosos que analisam a enorme base de dados Meia-Idade nos Estados Unidos, da Fundação Mac-Arthur – um estudo sem precedentes, em sua abrangência e profundidade, sobre o desenvolvimento adulto. Com seu *corpus* de análise, que conta com 724 pessoas, ela espera desfazer o que estudiosos veem cada vez mais como mito: a ideia de que a crise da meia-idade é um estágio previsível que atinge os homens em um determinado período, perto dos 40 anos.

Wethington consegue desfazer essa ideia – mas não da maneira esperada. Depois de dias em meio a muitos dados, checando páginas e páginas, verificando arquivos, lendo impressões e conferindo entrevistas, ela finalmente se volta para suas descobertas – e se assusta.

"Meu Deus, devo ter errado nos cálculos", ela diz. Repassa os números, mas as mesmas constatações aparecem. Conforme mostra seu estudo – que contou com a participação de 724 indivíduos –, um número extremamente alto de norte-americanos passou pelo que consideram crise da meia-idade, frequentemente definida como uma transição psicológica estressante ou turbulenta que ocorre, na maioria das vezes, entre o final da quarta e o início da quinta década de vida. Vinte e seis por cento, mais que o dobro dos 10% estimados, disseram ter passado por uma crise como essa.

O mais surpreendente é o alto percentual de mulheres que afirmam ter sofrido com essa crise. Os pesquisadores sempre acreditaram que as mulheres se desenvolvem de maneira diferente dos homens. Mas dados mostram que, aos 50 anos, mais mulheres do que homens afirmam ter sofrido uma transição problemática para a meia-idade: 36,1% das mulheres, em comparação com 34% dos homens.

Aplicando as descobertas à geração norte-americana de 42 milhões de mulheres que estão se aproximando ou já estão na meia-idade – localizadas na faixa entre 38 e 55 anos –, constata-se que mais de quinze milhões de mulheres sofrerão, ou já estão sofrendo, da chamada crise da meia-idade – o equivalente às populações do Colorado, Massachusetts e Minnesota juntas.

Elaine Wethington havia descoberto a revolta sem nome.

Uma definição pessoal

O mesmo choque foi expresso pelas dezenas de mulheres que ajudaram na pesquisa para este livro. Apesar de o termo "crise de meia-idade" nem sempre surgir imediatamente, histórias sobre problemas na meia-idade são frequentes. Entre amigos, grupos de leitura, vizinhos, colegas de trabalho, familiares e conhecidos, a maioria das mulheres é capaz de citar pelo menos uma ou duas pessoas que passaram por turbulências fortes nessa fase da vida.

A ideia de crise da meia-idade se firmou na cultura atual desde que foi tema de pesquisa de estudiosos nos anos 60 e 70 e do famoso livro de Gail Sheehy, *Passagens*, de 1976. Mas a maioria das pessoas não pensou no assunto como sendo um problema das mulheres. Acreditava-se que os homens por volta dos 40 anos de idade tinham grande chance de passar por um intervalo regressivo de comportamento tolo, com carros esportivos e amantes mais jovens, levados pelo medo da morte. Pensava-se que as mulheres se desenvolviam de outra maneira, com sua vida moldada pelo nascimento e criação dos filhos e pela menopausa. Além disso, enquanto a crise de meia-idade masculina é retratada em heróis da literatura e do cinema, desde Marco Antônio, de Shakespeare a Lester Burnham, de *Beleza americana* – personagem interpretado por Kevin Spacey –, as mulheres recebem há muito tempo o papel de coadjuvantes, como vítimas ou sedutoras dos homens protagonistas.

O estudo de Wethington foi a primeira análise abrangente e nacionalmente representativa da crise de meia-idade, e a definição e a dimensão que alcançou foram notoriamente diferentes. Além da grande incidência da crise de meia-idade feminina, as 724 pessoas minuciosamente entrevistadas tinham uma nova "definição pessoal" para isso. Conforme relataram, essa transição problemática pouco tinha a ver com o medo da morte. Os indivíduos a viam de modo mais flexível e um pouco mais positivo, como uma situação desafiadora causada por grandes transições ou acontecimentos. Também acreditavam que essa crise poderia ocorrer em qualquer momento da meia-idade, até durante a aposentadoria, e não apenas próximo aos 40 anos.[1]

Estava claro que o pensamento dominante do país havia tomado o termo de psicólogos pesquisadores e atribuído a ele um sentido populista que englobasse as mulheres e colocasse a turbulência da meia-idade feminina em destaque. Em meio à falta de conhecimento geral a respeito do desenvolvimento humano, essa definição mais flexível ajuda as pessoas a compreender as questões psicológicas que causam tantos transtornos durante a meia-idade.

Uma situação parecida surge em meu estudo sobre a história de vida de cinquenta mulheres que passaram pela crise da meia-idade. As entrevistadas são de dezenove estados diferentes, no Nordeste, Sul, Oeste, Centro-Oeste e Noroeste Pacífico, além de Washington, D.C., e Toronto, Canadá. Entre elas, há desde executivas de empresas públicas, advogadas, empresárias e gerentes a corretoras de imóveis, assistentes administrativas, secretárias e donas de casa. Trinta e nove são mães. Assim como o que foi mostrado no estudo de Wethington, a crise de meia-idade começou entre 39 e 52 anos; a média de idade foi de 44,6 anos.

Muitos acontecimentos podem desencadear a crise de meia-idade, alguns positivos, outros negativos. Nove mulheres disseram que um evento específico, como o recebimento de uma herança, aposentadoria antes do tempo ou um *insight* religioso ou espiritual, foi o responsável por tudo.

No entanto, mostrou-se mais comum que a falta de esperança ou uma perda sofrida na meia-idade seja o desencadeador da crise. Em meu estudo, problemas conjugais, divórcio ou traições lideraram a lista de eventos desencadeadores. A crise de meia-idade de uma mulher específica teve início, segundo ela, durante uma festa de aniversário, quando ela olhou para o outro lado da sala, para seu marido, bêbado, com quem estava casada havia vinte anos, e perguntou a si mesma: "Quem é aquela pessoa?"

O segundo fator desencadeador mais comum para a crise foi a morte de um ou mais entes queridos. Para muitas pessoas, o peso de lidar com as diversas tarefas relacionadas ao trabalho e à família por muito tempo levou ao turbilhão da meia-idade. Problemas no trabalho, o estresse da vida profissional ou o desencanto com a profissão, devido a empecilhos ou pelo comportamento ruim do chefe, acarretaram a crise de meia-idade de outras mulheres. Outros acontecimentos marcantes: a saída dos filhos de casa ou a ansiedade com a aproximação desse momento, problemas de saúde e situações difíceis ou decepções com os filhos.

Apesar de esses eventos causarem diversos sentimentos, como mostra meu estudo, eles sempre trazem a mesma mensagem implícita: Você está no caminho para um lugar aonde não quer estar.

Meninas rebeldes

Os meses que antecedem a crise de meia-idade foram marcados, para muitas, por um desânimo emocional que se instalou como neblina, tirando a alegria até mesmo dos momentos mais especiais. Tristeza, irritação ou falta de tranquilidade geral foram outros causadores. Muitas mulheres começaram a reagir com exagero a estresses e cobranças normais. Com a escuridão, veio a convicção crescente de que ignorar sonhos e desejos ardentes não mais valia o sacrifício. Antigos valores e padrões de comportamento começaram a perder importância.

As frustrações que surgem são tão diversas quanto as mulheres em si. Um olhar, um toque, um sonho sensual ressuscita o desejo pela intimidade. Uma vontade negligenciada de ver o pôr do sol no Himalaia se torna um desejo incontrolável. A sede de fazer coisas novas, mais significativas, surge com força, fazendo com que uma mulher seja capaz de prejudicar a carreira de trinta anos que se esforçou tanto para alcançar. O desejo de comprar e administrar uma empresa surge com tanta força na mente de uma mulher que ela refinancia sua casa e vende quase tudo que tem para satisfazer essa vontade.

"Fui tomada pelo intenso desejo de fazer as coisas de forma que não morresse insatisfeita", disse uma mulher da Califórnia ao analisar a crise de meia-idade que começou aos 50 anos, confirmando os sentimentos de dezenas de outras entrevistadas. Outra mulher disse: "Percebi que não estava em um ensaio. Estava na vida real. Se quisesse que as coisas mudassem, dependia de mim mudá-las, na mesma hora".

Um período de profunda confusão psicológica ou falta de tranquilidade pode ocorrer em seguida. Algumas mulheres citaram abandono de carreira, envolver-se em graves acidentes, destruir casamentos ou abandonar casa e família. Algumas se entregaram ao aprendizado de música, artes e fotografia. Outras exploraram novos caminhos espirituais. Outras ainda procuraram novas aventuras, como *bungee jump* ou motociclismo. Ávidas por intimidade ou simplesmente por autoafirmação, algumas tiveram casos extraconjugais. Outras, reprimindo-se ao extremo, continuaram levando a vida como sempre, mas pagaram um alto preço, por meio de depressão e desesperança.

"Tem uma menina rebelde dentro de mim que quer sair", disse Anna, 54 anos, gerente administrativa em uma cidade pequena, que, depois de levar uma vida respeitável e estável por décadas, retomou o antigo sonho de tocar *jazz*, aprendendo piano e passando a noite em boates.* Ela também se aventurou em uma série de casos amorosos com homens mais jovens.

Tais histórias dão a entender que a crise de meia-idade sempre causa prejuízos. Na maioria dos casos, porém, acontece o contrário. O número de mulheres que procuraram caminhos criativos e construtivos foi maior que o daquelas que se dedicaram a casos extraconjugais, gastos excessivos ou desespero. Ao realizar uma autoanálise e, às vezes, uma mudança em sua vida, essas mulheres lutaram para assumir o controle – tirar o máximo proveito

---

* Todos os nomes das mulheres de meu estudo foram alterados, assim como detalhes que possam revelar sua identidade.

do lado bom da meia-idade, para ter maior controle pessoal e liberdade, limitando o lado negativo: riscos de prejudicar a saúde, ganhar peso e sofrer de doenças crônicas. Nesse caso, a crise não foi tanto um esforço apavorante de correr atrás do tempo perdido, mas uma profunda e esperançosa busca interior, para dentro do inconsciente, para trazer à tona partes delas mesmas. Ao filtrar e refiltrar a luz interior pelo prisma da crise de meia-idade, essas mulheres criaram as histórias fascinantes que são contadas na parte 2 deste livro.

Os resultados da crise de meia-idade são tão variados quanto as mulheres de meu estudo. Vinte delas deram início a uma nova carreira, treze se uniram a um novo cônjuge ou companheiro. Oito fizeram dos esportes radicais o remédio de sua vida; dezesseis fizeram o mesmo com as viagens de aventura. Catorze se entregaram com fervor a novos passatempos; quinze se voltaram para a religião. Algumas fizeram várias das coisas citadas. E muitas realizaram mudanças interiores e discretas, aprofundando-se nas experiências do dia a dia para procurar sentido em cada momento. Quase todas afirmam que a crise de meia-idade transformou o modo de enxergar a vida, mudando de vez quase tudo e todos com quem tinham contato.

"Sinto-me como se tivesse duas vidas completas", disse Marilyn, analisando sua transição para a meia-idade, que acarretou um divórcio, uma nova carreira, como diretora da própria empresa, e por fim um novo marido. A segunda vida, mais satisfatória, começou aos 48 anos, ela acrescenta, com sua crise da meia-idade.

Por que agora?

Esse padrão de crise feminina da meia-idade está surgindo agora simplesmente porque as mulheres hoje são diferentes. Os novos papéis que essa enorme geração de mulheres assumiu no fim do século XX as deixaram totalmente prontas para a crise da meia-idade no início do século XXI. Pela primeira vez na história, as mulheres não apenas enfrentam mais os estresses que costumam causar essas crises, como também têm meios financeiros, habilidades e confiança para extravasar suas frustrações e resolvê-las. De certo modo, as mulheres estão tendo crises de meia-idade agora porque podem.

A renda das mulheres nessa faixa etária aumentou muito em comparação com a dos homens. Os ganhos de trabalho em período integral delas aumentaram 16,8% nos últimos quinze anos, dando-lhes o poder econômico necessário para se rebelar na meia-idade. Em contrapartida, os ganhos dos homens caíram 1,7% no mesmo período. Atualmente, quase um terço das mulheres ganha mais do que o marido, e a proporção de mulheres que recebem mais de cem mil dólares por ano triplicou na última década. Tudo isso dá a elas a sensação de liberdade na meia-idade. "Minha bem-sucedida e gratificante carreira me permitiu ser muito independente, com uma atitude corajosa" que acarretou uma explosiva crise de meia-idade, disse uma vendedora que participou de meu estudo.

As mulheres também têm as habilidades e os recursos necessários para fazer mudanças na carreira ou dar início ao negócio dos sonhos na meia-idade, se assim desejarem. A proporção de profissões altamente especializadas entre as mulheres, desde engenharia, direito, medicina e arquitetura a educação, redação e ciência da computação, subiu de 51,1%, em 1990, para 54,7%. Nos Estados Unidos, as mulheres ocupam quase metade, ou 45,9%, de todas as posições executivas, administrativas e gerenciais, desde CEO de grandes corporações a gerente de restaurante *fast-food*. Atualmente, as mulheres também têm mais estudo do que os homens, liderando, com 58%, os cursos de graduação em universidades e com 59% das conclusões de mestrado.[2]

Ambos os fatores – maior *status* e educação – aumentam a propensão para a crise de meia-idade, segundo mostra a pesquisa de Wethington. Eles sustentam expectativas por maior qualidade de vida, além de criar sensação de direito e atitude mais ativa para expressar a frustração pessoal.

Em mais uma mudança em relação ao passado, um estresse comum nas mulheres de meia-idade de hoje fornece a faísca necessária para a explosão psicológica. Muitas mulheres que trabalham chegam ao final dos 30 e início dos 40 anos exaustas devido à longa jornada, ao ambiente de trabalho muito exigente e à constante dedicação à vida profissional e familiar. Como as luzes de uma discoteca, a energia dessas mulheres é direcionada a tantos lugares que elas perdem o foco.

Essa geração se sente mais pressionada pelas demandas diárias do que as mulheres mais velhas.[3] O tempo que mães trabalhadoras têm para si, para relaxar e cuidar dos próprios interesses, caiu para apenas 54 minutos por dia, em comparação às 2,1 horas de que dispunham em 1977 – menos do que os homens possuem, 1,3 hora.[4] Em um estudo recente, uma pesquisa da Organização Gallup mostra que 57% das mulheres entre 40 e 55 anos dizem que não têm tempo para fazer o que querem, em comparação com os 48% de toda a amostragem de 3.015 norte-americanos que se sentem da mesma maneira.[5]

"Criamos uma vida com ritmo tão acelerado e tantos compromissos que as mulheres não estão tendo tempo para si mesmas e não estão notando [...] sinais e sintomas" das necessidades inerentes, disse Diane Sanford, psicóloga de St. Louis que leciona na universidade de lá.

Hoje em dia, mulheres de meia-idade têm muito mais probabilidade de dizer que a vida se tornou muito complexa ou fugiu ao controle do que as da geração anterior. A vida é "complicada demais" para 73% das mulheres entre 40 e 54 anos de hoje, bem mais do que os 55% das que responderam sim à mesma questão quinze anos atrás, com base na nova pesquisa realizada pelo Yankelovich Monitor. A proporção de mulheres procurando novas maneiras de controlar a vida aumentou, de 60% para 69%. Refletindo o cansaço, a porcentagem de mulheres que sentem "necessidade de tomar alguma coisa para relaxar" também subiu, de 23%, em 1988, para 29%, atualmente.[6]

Apesar de satisfatórios em muitos aspectos, os diversos papéis que muitas mulheres desempenham aos 20 e aos 30 anos podem também ser extremamente cansativos, a ponto de fazer com que elas não se lembrem do que aconteceu. Muitas descreveram um período de "apagão" durante essa fase da vida. Viveram tão estressadas e sobrecarregadas que a vida passou sem ser notada.

"Nossa vida toda foi consumida pelos filhos e pelo trabalho. Quase não consigo me lembrar desses anos", disse Sarah, uma fisioterapeuta que afirma ter assumido uma "rotina de zumbi" para passar por tudo. Libertou-se em uma crise de meia-idade, que começou aos 49 anos, e começou a praticar remo e outros esportes.

Os estresses se tornaram tão intensos que a especialista Katherine Halmi – autora de um estudo sobre transtornos alimentares e professora de psiquiatria do Colégio Médico Weill, da Universidade Cornell – acredita que eles contribuem muito para a grande epidemia de distúrbios alimentares entre mulheres de meia-idade que surgiu na última década.

Em outra mudança em relação ao passado, as mulheres de hoje acreditam que têm ainda muito em jogo quando entram na meia-idade. Têm ainda pela frente, em média, três décadas ou mais de vida em comparação aos poucos anos restantes que a mulher de meia-idade comum tinha antigamente, quando a expectativa era de apenas 47 anos de vida. Mais de três quintos das mulheres desta geração se sentem mais novas do que de fato são, por volta de sete anos a menos, em média. Isso contribui para as grandes expectativas de longevidade, de acordo com o estudo realizado pela Associação Americana de Aposentados, Washington, D.C.[7]

Choque cultural

Armada e motivada para a mudança na meia-idade, essa geração de mulheres pode ser considerada uma força irreprimível. Esperando por elas enquanto atingem o fim dos 30 e início dos 40 anos, no entanto, está o equivalente social de uma realidade imutável: uma cultura popular que trata as mulheres de meia-idade como se não fossem notadas, ignorando a beleza, a sexualidade e a liderança delas.

Uma cortina de invisibilidade recai sobre essas mulheres exatamente quando suas frustrações e seus desejos estão começando a aflorar. "Eu me sinto uma pessoa invisível", disse Valéria, gerente e mãe de 49 anos. "Nossa cultura é muito voltada para a juventude. As pessoas não nos enxergam e não conseguem ver pelo que passamos e o que nos resta alcançar." Paradoxalmente, ela diz isso justamente enquanto uma crise de meia-idade, marcada por muitas viagens e trabalho comunitário, está fazendo com que seu senso de identidade surja forte e nítido. "Até agora sempre estive ocupada sendo a filha, a esposa, a mãe. Mas agora, aos 49 anos, sou eu mesma", disse Valéria.

No trabalho, muitas mulheres alcançando a meia-idade encontram a pior discriminação que já sofreram. Beryl, vendedora de uma grande empresa, disse que, com 40 e poucos anos, nem mesmo seus constantes prêmios de venda conseguem fazer com que ela não se sinta uma intrusa. "Quando os executivos pensam em vendedores agressivos, pensam em homens jovens e descompromissados", disse ela. "Agora é a minha vez de me livrar dessa tolice."

Sua sensação de estranhamento no trabalho acarretou uma crise de meia-idade, que faz com que ela vista jaqueta de couro e calça *jeans* à noite e aos fins de semana, para ir a *shows* de *rock* e a casas noturnas. Envolvida em seu amor pela música e na companhia de outros fãs, Beryl, casada e mãe de dois filhos, volta a se sentir "descolada".

As barreiras da idade e o sexismo impedem as pessoas de tratar as mulheres nessa faixa etária como indivíduos. Carol Landau, professora de psiquiatria na Escola Médica Brown, localizada em Providence, Rhode Island, e coautora de dois livros sobre menopausa, conta a história de uma de suas clientes de meia-idade – uma mulher atraente, acostumada a receber muita atenção durante a juventude. Ela estava em uma padaria, esperando sua vez para pedir, quando a atendente a ignorou e chamou a jovem que estava bem atrás dela. Sentindo-se diminuída, ela explicou, um tanto nervosa, que estava na frente, e depois se sentiu embaraçada por ter tido de dizer aquilo. Não é à toa que "a mulher tem dificuldade para aceitar o envelhecimento em nossa sociedade", diz Landau.

A cultura popular reflete mais do que desconforto com qualquer sugestão de que as mulheres de meia-idade têm vida sexual. As representações disso costumam ser desdenhosas. No filme *Como se fosse a primeira vez*, as aventuras românticas da assistente de meia-idade do consultório veterinário do personagem de Adam Sandler resultam em situações humilhantes – uma morsa se lança sobre ela, e ela é jogada violentamente em uma piscina.

Mas em nenhum lugar os estereótipos se tornam tão evidentes quanto em uma seção de cartões de aniversário e afins. Entre os cartões desse tipo em uma loja que visitei, 15% traziam imagens ou frases relacionadas à velhice. "Aja conforme sua idade!", gritava um deles, para mulheres na faixa dos 40 anos. "Já está passada!", berrava o outro. Muitos declaravam que o destinatário já "Alcançou o topo da montanha", como se a vida fosse demarcada por uma espécie de divisor de águas, dando como certo o afogamento de pessoas dispostas a viver coisas novas depois dos 40 anos.

Tais estereótipos ultrapassados desempenham um papel importante no surgimento da turbulência da meia-idade das mulheres.

Ondas de choque

A crise da meia-idade feminina está estremecendo a cultura da sociedade de hoje, com efeitos atingindo muitos setores, desde saúde, esportes e turismo a escolhas de carreira, educação, artes, religião e as relações entre os sexos. Reunidos, esses padrões formam o retrato de uma desordem de geração.

As mulheres nessa faixa etária estão virando os velhos papéis do sexo de cabeça para baixo. Estão namorando e tendo casos com homens mais novos – um luxo que antes era reservado aos homens. Estão mantendo mais casos extraconjugais e tomando a iniciativa no divórcio. E cada vez mais estão gozando de vida sexual ativa após os 45 anos.

Muitas mulheres na crise da meia-idade buscam propósito em seu relacionamento amoroso. Algumas desejam um tipo de intimidade emocional que nunca tiveram. Outras querem a confirmação de que continuam sexualmente atraentes. "Quando os homens me acham atraente, tenho o reconhecimento de que preciso", disse uma mulher de 54 anos que, depois de trinta anos de fidelidade em seu casamento, começou a ter vários casos amorosos com homens mais jovens.

Contrariando a crença de que a meia-idade é um deserto sexual para as mulheres, várias mulheres nessa faixa etária têm a vida sexual bastante ativa. Uma porcentagem surpreendentemente alta de mulheres de meia-idade solteiras e com formação universitária teve dois ou mais parceiros sexuais no último ano – 12,1%, ou uma a cada oito, diz Alice Rossi, professora emérita da Universidade de Massachusetts, com base em dados do estudo Meia-Idade nos Estados Unidos, da Fundação MacArthur, realizado em 1995 com 6.432 pessoas, um grande estudo sobre saúde, bem-estar e responsabilidade social das mulheres de meia-idade.[8]

É possível que desde então essa porcentagem tenha crescido. As mulheres que estão na casa dos 40 anos hoje "serão muito mais agressivas na procura de parceiros" do que aquelas de mesma faixa etária do passado, segundo Edward Laumann, respeitada autoridade no assunto, professor de sociologia e pesquisador responsável pela Pesquisa Nacional sobre Saúde e Vida Social da Universidade de Chicago, realizada em 1992, que analisou as práticas e os padrões sexuais dos norte-americanos.[9] Fortalecidas pelo impulso na carreira, pela independência financeira e pelas atitudes liberais de uma geração que amadureceu após a revolução sexual ocorrida entre 1968 e 1972, "as mulheres estão muito mais dispostas a aceitar a versão masculina do chamado 'relacionamento casual'". Estão muito mais dispostas a fazer sexo por prazer e companhia, diz Laumann.

Um número crescente de mulheres na meia-idade está namorando homens mais jovens, transformando os papéis sexuais. Diversas mulheres entrevistadas em meu estudo namoraram ou mantiveram relação sexual com um homem mais jovem durante sua crise da meia-idade. No país todo, 34% das mulheres solteiras na faixa etária entre 40 e 69 anos namoraram um homem mais novo em 2003.[10]

Cada vez mais mulheres estão tendo casos extraconjugais. Em 1991, as pesquisas mostravam que homens casados traíam com muito mais frequência, e um em cada cinco admitia a traição, em comparação com uma a cada dez mulheres. Mas os últimos dados do Centro Nacional de Pesquisa de Opinião, de 2002, sugerem que o índice geral de traições cometidas por mulheres está aumentando rapidamente e se aproximando do índice dos homens, com quase uma em cada seis mulheres admitindo a traição.[11]

O grupo da meia-idade parece estar encabeçando essa tendência. Analisando os dados de 1994 do Centro Nacional de Pesquisa de Opinião, Michael Wiederman percebeu um aumento no índice de traição relatada por mulheres entre 30 e 50 anos, e índices mais baixos entre as nascidas antes do *baby boom*.[12] Wiederman, professor adjunto de psicologia da Columbia College, na Carolina do Sul, acredita que o sexo fora do casamento é muito mais fácil e aceitável para a mulher de meia-idade hoje do que no passado. "Houve mudança nas atitudes e na moral. Existem mais mulheres no mercado de trabalho, e elas são muito mais independentes, elemento necessário para se ter um caso extraconjugal."

A psicóloga Diane Sanford afirma que um número crescente de suas pacientes – mulheres bem estabelecidas que fazem parte da população comum – está mantendo relacionamentos extraconjugais como parte da "transição da meia-idade – e não são as mulheres que normalmente esperaríamos que traíssem".

Janet Lever, responsável pela pesquisa sobre sexo da Universidade da Califórnia, em Los Angeles, acrescenta: "Casos extraconjugais são itens de luxo. As mulheres de meia-idade de hoje têm flexibilidade para mantê-los e são donas do próprio dinheiro".

As mulheres estão em certa medida tomando a iniciativa no divórcio nessa faixa etária. No passado, o índice de divórcio caiu muito entre indivíduos de meia-idade, pois os parceiros de idade mais avançada supostamente já estavam acomodados. Mas o índice nos anos 90 entre mulheres que tinham 40 anos no início da década aumentou mais de dois pontos percentuais, se comparado aos 7,1% da década anterior, atingindo 9,3%. Os índices para a população total se mantiveram estáveis durante aquela época.[13]

Em relação a isso, dois terços das mulheres que se divorciaram entre 40 e 70 anos afirmam que elas, e não o ex-marido, tomaram a iniciativa do rompimento. Mulheres em casamentos infelizes estão mais dispostas a buscar uma vida nova; o divórcio na meia--idade deixou de ser o sinônimo de encerramento da vida sexual que costumava representar para as mulheres, diz a Associação Americana de Aposentados, que tem estudado os divórcios na meia-idade e em outras fases. Setenta e cinco por cento das mulheres divorciadas aos 50 anos afirmaram ter vivido um relacionamento sério depois da separação, geralmente dois anos depois. Entre as mulheres divorciadas, pesquisadores notam "uma percepção de que estão tendo uma nova chance de viver".[14]

Os índices de segundo casamento confirmam isso; são estáveis ou estão aumentando entre mulheres de meia-idade.[15] Pesquisadores do Centro Nacional de Estatísticas Vitais criaram a teoria de que o aumento da independência financeira das mulheres ao longo do tempo fará com que se tornem mais dispostas a se casar novamente, assim como homens financeiramente bem-sucedidos do passado.

Essa nova autoconfiança entre divorciadas de meia-idade se torna evidente no ambiente de trabalho. Três quintos das mulheres divorciadas aos 40 anos afirmam gostar de flertar no trabalho por diversão, afirma Janet Lever. De acordo com seu estudo para a revista *Elle* e para a MSNBC.com,[16] mais de um terço das mulheres divorciadas nessa faixa etária admite também lançar mão da sexualidade no trabalho.

Abrindo novos caminhos

A busca por sentido na meia-idade faz com que as mulheres tenham outros objetivos. Muitas mudam de carreira para encontrar um trabalho mais satisfatório. Outras voltam para a faculdade para ter uma nova profissão. A matrícula em cursos de meio período nas universidades entre mulheres de 35 anos e acima disso aumentou 10,5% na última década, quase o dobro do índice geral de crescimento de alunos de meio período.[17] As matrículas em período integral entre mulheres mais velhas aumentaram 31,3%, muito acima dos 18,7% da tendência geral.

A religião tem sido a base de apoio para a busca de significado das mulheres de meia-idade. Apesar de a proporção de homens dessa idade que frequentam constantemente a igreja ter caído quase dez pontos percentuais na última década, chegando a 38%, as mulheres de 35 a 55 anos têm mantido estabilidade no índice de visitas à igreja, pelo menos doze vezes ao ano, de acordo com o Estudo de Estilo de Vida da DDB, uma pesquisa de longo prazo com quatro mil consumidores realizada pela DDB Worldwide Communication Group, de Nova York.[18] Treze por cento das mulheres de meu estudo passaram a se envolver mais profundamente com a busca religiosa ou espiritual na meia-idade.

Enfrentando os medos

As mulheres de meia-idade estão mudando os esportes e o turismo, principalmente em áreas não associadas tradicionalmente a seu grupo etário e a seu sexo. A participação em esportes radicais, como escalada, caiaquismo e acampamento na selva, aumentou bastante desde 1997 entre mulheres de 38 a 55 anos, de acordo com estudo realizado para este livro pela Leisure Trends Group, em Boulder, Colorado. A American Sports Data, de Hartsdale, Nova York, provedora de informações sobre esportes, afirma que mais mulheres de meia-idade começaram a praticar corrida nos últimos quinze anos, enquanto a participação masculina diminuiu.

As mulheres de meia-idade mostram mais comprometimento com os esportes. A proporção de mulheres entre 38 e 55 anos que dizem que atividades ao ar livre ou esportes são sua maneira favorita de passar o tempo aumentou sete pontos percentuais nos últimos seis anos, chegando a 53%. As atletas de meia-idade estão elevando também o nível de intensidade; 41% fazem de tudo para finalizar a atividade esportiva que começaram, número que antes, em 1990, correspondia a apenas 30%.[19]

"Essas mulheres querem provar a si mesmas que ainda podem fazer tudo – caiaquismo por quatro horas, escalar montanhas por cinco horas e desafiar seu corpo não apenas física, mas também mentalmente", diz Aidan Boyle, proprietário da Body & Soul Adventures, em Ilha Grande, no Rio de Janeiro, que funciona como um *spa* voltado para ginástica, esportes radicais e nutrição. Não é de estranhar que um comercial de TV da Sony veiculado nos Estados Unidos tenha mostrado uma avó entrando em uma jaula dentro do mar para tirar fotos de tubarões.

A crise da meia-idade de Marylin, ex-dona de casa e voluntária, surgiu com o desejo de superar o medo de altura que teve a vida toda. Para superá-lo, ela caminhou até a beira de um abismo, prendeu-se a um cabo de aço e desceu vários metros até o chão. "Mostrei a mim mesma que podia enfrentar o medo e fazer o que quisesse", disse ela, que foi além e procurou companhia.

Outra mulher de meu estudo, uma fisioterapeuta, que sempre foi a última criança escolhida nas brincadeiras e que nunca havia praticado esportes, começou a remar em uma equipe de oito pessoas. Superou seus medos e a sensação de incapacidade. O desafio físico "fez com que eu avaliasse o que de fato estava procurando", disse ela.

As mulheres nessa faixa etária também estão se apegando ao velho símbolo da crise da meia-idade masculina – a motocicleta. Em grande parte graças às mulheres de meia-idade, a posse e a condução de motocicletas entre mulheres aumentaram 34% nos últimos cinco anos, ultrapassando a média de crescimento nacional de 23%, segundo o Conselho de Indústria da Motocicleta norte-americano.

As mulheres de meia-idade também estão liderando o crescimento em algumas conquistas relacionadas à ginástica. A musculação entre mulheres de 35 a 54 anos aumentou sete vezes nos últimos quinze anos, ultrapassando a porcentagem referente a homens de meia-idade em 30%. Mulheres nessa faixa têm se matriculado em academias com mais frequência do que homens. Elas representam um ganho de 31% nas mensalidades nos últimos quinze anos, quase o dobro em relação aos homens.[20]

O outro lado

O lado ruim de toda essa atividade física entre mulheres é uma epidemia de transtornos alimentares. Quando uma mulher de meia-idade se torna obcecada por exercícios físicos, pode surgir um desejo incontrolável de ter um corpo perfeito – um dos pontos essenciais dos transtornos alimentares.

Na última década, o número de mulheres na faixa dos 40 anos em programas para a cura de transtornos alimentares no Hospital Presbiteriano de Nova York, em Westchester, mais do que dobrou, subindo de 4,2%, em 1988, para 8,8% do total em 1998.[21]

Quando o centro de tratamento Remuda Ranch foi aberto, em Wickenburg, Arizona, em 1990, "quase não víamos casos de transtornos alimentares em mulheres de meia-idade", afirma Edward Cumella, diretor de pesquisas. Mas nos últimos anos a confusão das mulheres na meia-idade aumentou rapidamente as internações nessa faixa etária, para 6% dos inscritos, em 1998, e depois para 11%, em 2004. A necessidade das mulheres dessa faixa etária é tão grande que o Centro Renfrew, centro de tratamento de transtornos alimentares da Filadélfia, em que quase um quarto dos pacientes é de meia-idade, começou um novo programa realizado diariamente nas residências para mulheres com mais de 35 anos.

As causas dos transtornos alimentares nas mulheres maduras, segundo especialistas, são as mesmas das crises da meia-idade: problemas conjugais, saída dos filhos de casa, mudanças na carreira ou divórcio. Apesar de poucas pesquisas terem sido realizadas nos Estados Unidos, a maioria das explicações gira em torno das "mudanças culturais no país que se intensificaram desde 1990", incluindo obsessão geral com juventude, peso e perfeição corporal, segundo Cumella.[22]

Os transtornos alimentares refletem "dependência de tentar controlar [...] alguns sentimentos, sejam eles ansiedade, estresse ou tristeza", diz Patricia Saunders, psicanalista da Graham Windham, em Nova York. Ela tem testemunhado grande aumento no número de clientes de meia-idade com problemas alimentares. "Os elementos mais comuns são o desejo de ser perfeita, jovem ou de viver sonhos juvenis, a saída dos filhos de casa e certamente a grande incidência de divórcios."

Mais uma vez, o medo de perder a capacidade de atração e o apelo sexual aumenta essa perigosa tendência. Tal insegurança surge sempre em pesquisas sobre mulheres na meia-idade como grande propulsor da satisfação sexual, de tratamentos hormonais durante a menopausa e de outros comportamentos. Cerca de três quintos ou mais de mulheres entre 40 e 50 anos se preocupam com a perda da beleza física, segundo Alice Rossi, professora da Universidade de Massachusetts. É provável que essa proporção tenha aumentado desde que os dados foram obtidos, em 1995.[23]

As inseguranças de muitas mulheres surgem de um desconforto mais profundo. Terapeutas e orientadores afirmam que cada vez mais recebem mulheres de meia-idade como pacientes. Sanford, psicóloga de St. Louis, diz que quase metade de seus pacientes são mulheres passando por transições complicadas na meia-idade. Muitas sofrem com o fato de ainda não terem alcançado alguns de seus principais objetivos. "Elas perguntam: 'Quem eu quero ser agora, enquanto me preparo para a segunda metade de minha vida?'"

Essas mulheres não sabem o que estão sentindo quando começam a terapia, e não sabem nomear esse sentimento, dizem os psicólogos. Mas são perturbadas por um contínuo desconforto. Os clientes de Marian Frank, psicóloga da Filadélfia, "dizem coisas como 'Eu me sinto morta por dentro' ou 'Não suporto mais meu casamento' ou 'Estou trabalhando tanto que não tenho tempo para mais nada'", diz a dra. Frank. "O que elas querem dizer – mas não dizem – é: 'Não vejo sentido em minha vida'."

As frustrações aparecem nas pesquisas. As mulheres de meia-idade citam problemas emocionais piores do que as outras pessoas. Mulheres entre 40 e 55 anos dizem passar 3,9 dias por mês com problemas emocionais ou psicológicos, 50% mais do que os níveis mais altos entre mulheres de outras idades, ou homens. Os problemas delas interferem mais frequentemente nas atividades diárias, como trabalho, lazer ou cuidado pessoal, em comparação com outras de faixa etária diferente, de acordo com pesquisa realizada para este trabalho pela Organização Gallup.[24]

Um padrão sem precedentes

Tudo isso evidencia uma mudança em relação ao passado. Apesar de evidências em pesquisas mais antigas de que mulheres de gerações anteriores passavam por problemas na meia-idade, nada surge em escala próxima à tendência atual. Um estudo com formandos do fim dos anos 50, da Faculdade Mills, na Califórnia, revelou transtornos psicológicos entre mulheres na faixa dos 40 anos, com maior equilíbrio aos 52 anos. Mas, para grande parte dessas mulheres, o desafio na meia-idade era encontrar seu lugar no mercado de trabalho – algo raro hoje em dia.[25]

Diferentemente do passado, sabemos pela primeira vez o que a crise da meia-idade não é: menopausa. Qualquer problema enfrentado por uma mulher na meia-idade tem sido há muito tempo atribuído à menopausa. Nos anos 50 e 60, "A Mudança" se tornou o bode expiatório para quase todo tipo de problema. Não é de surpreender que as mulheres da meia-idade estejam indignadas, era o que se pensava – além de estar passando por mudanças hormonais, ou se aproximando ou se recuperando delas, não podem mais ter filhos. Novas linhas de produtos e vendedores procuravam abocanhar esse mercado, lançando livros, remédios à base de ervas, produtos de autoajuda, produtos relacionados ao sexo e suplementos nutricionais para mulheres na menopausa. Esse fenômeno biológico ganhou até uma peça na Broadway, *Menopause, the Musical*.

Sem dúvida, a menopausa é difícil para muitas mulheres. O estudo da Fundação MacArthur revelou que um terço das mulheres afirma sofrer aumento das ondas de calor, transpiração, dificuldade para dormir, irritação e desconforto durante o ato sexual em algum momento entre 40 e 55 anos. Eu mesma já senti muitos desses sintomas. Uma das mulheres de meu estudo, uma financista, sofria tanto com o calor que chegava às vezes a tirar a blusa para poder fazer o jantar.

Mas uma nova pesquisa mostra também que a menopausa não é um bicho de sete cabeças psicológico e sexual, como se pensava. Menos de 1% das mulheres atribuem o conflito na meia-idade à menopausa, segundo revela a pesquisa da professora Wethington. No estudo da MacArthur, Rossi descobriu que a menopausa é um "acontecimento positivo" para a maioria das mulheres que tem sido interpretado de maneira equivocada. A grande maioria, ou 61,6%, de mulheres na pós-menopausa afirmou que sentia "apenas alívio" por ter passado por essa transição. Outros 23% disseram não ter nenhum sentimento em relação a isso. Quando foi perguntado se elas se preocupavam com o fato de ser velhas demais para ter filhos, quatro em cada cinco responderam "De jeito nenhum". Outros pesquisadores descobriram que as mudanças relacionadas à menopausa têm pouco a ver com as variações na sexualidade. E a pesquisa que compara, em relação às tarefas cognitivas, as mulheres no período anterior à menopausa e aquelas que acabaram de passar por ela não encontrou diferenças em muitas tarefas, depois de examinar os resultados por idade.[26]

O que *ficou* no topo da lista de preocupações das mulheres no estudo da MacArthur foram assuntos diferentes: o medo de ter a saúde prejudicada, relatado por quatro a cada dez mulheres, e novamente o medo de não ser mais atraente, conforme dito por pelo menos três de cada cinco mulheres.

Essas descobertas repetem as conclusões anteriormente apresentadas pelo Estudo sobre Saúde Feminina de Massachusetts, um dos maiores estudos a respeito das mulheres de meia-idade. De acordo com o estudo, a maioria não procura ajuda profissional para os sintomas da menopausa e se sente muito positiva ou neutra em relação a ela. Os autores alertaram para o risco de outros problemas não serem diagnosticados por ser confundidos com a menopausa.[27]

Pode-se dizer que foi o que aconteceu com a crise da meia-idade. As confusões psicológicas e espirituais das mulheres têm sido mal interpretadas como sintomas da menopausa e reduzidas a um fenômeno biológico.

Na verdade, o problema da meia-idade das mulheres reflete uma grande mudança. Transcende qualquer alteração nos sistemas reprodutivos e desafia os esforços para explicá-lo biologicamente. Assim como a vida das mulheres nos anos 50 significava mais do que a criação dos filhos, papel que tinham de assumir, as crises da meia-idade das mulheres de hoje surgem de causas maiores do que a menopausa e são vistas com mais critério.

Diferenças entre homens e mulheres

Conforme a tendência se espalhar, uma definição da crise da meia-idade que envolva mulheres vai se tornar parte do vocabulário, e as mulheres assinarão embaixo. No entanto, diferenças reais estão surgindo na maneira como homens e mulheres enfrentam a crise da meia-idade. Diversos estudos sugerem que as mulheres não apenas passam por mudanças maiores do que os homens nessa fase, mas também têm uma atitude mais positiva em relação a suas chances na vida.

As mulheres de meia-idade são mais otimistas que os homens no que se refere a manter a saúde e o vigor na velhice; 63% das mulheres nas faixas de 40 e 50 anos esperam, no mínimo, continuar saudáveis e ativas aos 65, como são agora, em comparação com apenas 56% dos homens.[28] As mulheres também têm o dobro de probabilidade em relação aos homens de mencionar "uma atitude ou percepção mais positiva" como a razão para se sentir mais jovens do que de fato são.[29]

As mulheres passam também por uma reviravolta mais drástica na satisfação pessoal na meia-idade, após um mergulho mais profundo nos anos dedicados à criação dos filhos. Um estudo feito por Wethington, Ronald Kessler, da Escola Médica de Harvard, e Joy Pixley, da Universidade da Califórnia, *campus* de Irvine, revelou que apenas 24% das mulheres entre 35 e 49 anos disseram haver "realizado um sonho especial" nos últimos cinco anos, como ganhar dinheiro ou adquirir propriedade, conquistar algo valioso, encontrar um parceiro ou se casar. Para as mulheres, essa foi a menor taxa de satisfação na vida adulta. Por sua vez, 40% dos homens da mesma faixa etária afirmaram ter realizado um sonho.

Mas esse padrão muda rapidamente depois dos 50 anos. Um estudo mostra que 36% das mulheres entre 50 e 64 anos afirmaram ter alcançado um objetivo nos últimos cinco anos, sugerindo que a meia-idade pode ser uma época de grande renovação para as mulheres. Em contrapartida, a conquista de sonhos dos homens cai a partir da metade dos 30 anos em diante, declinando para 28% na idade entre 50 e 64, e passando para 27% depois disso.[30]

As causas da crise da meia-idade também refletem as diferenças entre os sexos. As crises das mulheres são mais propensas do que a dos homens a ser desencadeadas por problemas ou acontecimentos familiares, desde divórcio à morte de um dos pais, até um caso extraconjugal. Problemas relacionados aos filhos podem surgir como fatores, como perceber que você não atingiu seus objetivos ou padrões como mãe.[31]

Enquanto a crise da meia-idade masculina pode ser desencadeada por problemas no trabalho ou na carreira, a das mulheres é mais propensa a acontecer por introspecção. As mulheres costumam relatar grandes mudanças na meia-idade mais frequentemente do que os homens.[32] Elas são mais inclinadas a atribuir a crise da meia-idade a alguma nova percepção de si mesma por meio da religião, da terapia ou da reflexão. As mulheres costumam citar problemas de saúde como a causa da crise – 7,4%, comparados a apenas 2% dos homens. Isso pode incluir preocupações com diminuir o ritmo ou, mais uma vez, perder o poder de atração.

Talvez mais importante para a cultura pode ser o fato de as mulheres costumarem conversar sobre seus conflitos internos com mais frequência, procurarem soluções e buscarem maneiras de resolver as questões na comunidade e na sociedade. Isso sugere que sua transição da meia-idade causará efeitos cada vez mais visíveis na sociedade.

Demografias diferentes

O número de mulheres que pertence a esse grupo garante que a tendência tenha um impacto sem precedentes. Com 41,6 milhões de membros, essa geração de mulheres do *baby boom** é duas vezes maior que a geração de homens que lutaram na Segunda Guerra Mundial e que transformaram a economia norte-americana, e três vezes maior que a geração sufragista de mulheres que ganharam o direito ao voto no início dos anos 1900. Conforme a crise de meia-idade se desenrola entre essa geração, as mulheres redesenham o ciclo da vida, mudando as expectativas a respeito da menopausa, do ninho vazio, da vitalidade, da vida sexual e do potencial criativo.

---

* Período entre o fim da Segunda Guerra Mundial e meados dos anos 60, em que houve rápido crescimento da taxa de natalidade nos Estados Unidos. (N. do E.)

As mudanças pelas quais estão passando deixarão intactos poucos setores da sociedade. Pensando no que a antropologista Margaret Mead chamou de PMZ (*postmenopausal zest*, ou "euforia pós-menopausa"), os políticos que já perseguiram as donas de casa podem começar a perseguir o VPM, voto pós-menopausa. Em consequência da obsessão pela beleza, as mulheres não só estimulam o aumento de produtos relacionados a *fitness* e a dieta, como também podem dar início a uma rebelião cultural: assim como essa geração mudou os papéis do sexo entre os anos 60 e 70, pode acabar com os papéis relacionados à idade, profundamente enraizados em nossa cultura. Suas atitudes em relação ao consumo também podem ajudar a dirigir a economia, assim como o desespero e o caos psicológico que costumam acompanhar a crise de meia-idade, que abrem as carteiras das mulheres e desfazem os pudores ligados ao consumismo. As atividades de aventura e turismo feitas para testar o gosto pelo perigo e as limitações físicas das mulheres em meia-idade aumentarão. Essas mulheres causarão a expansão de movimentos humanistas religiosos e espirituais e do voluntarismo.

Essas mulheres, que têm seus direitos assegurados, são responsáveis por algumas mudanças. Enquanto suas mães e avós reprimiam os desejos da meia-idade, as mulheres de hoje sentem que têm o direito de não apenas expressar seus sentimentos, mas também de colocá-los em prática. O estudo realizado pela Yankelovich Monitor fornece provas de como essa geração assume o controle. A pesquisa mostra que 67% das mulheres entre 40 e 54 anos "se esforçam muito para terem o controle de toda situação, desde a mais irrelevante até a mais importante" – em 1988, 60% das mulheres pensavam desse modo. Segundo a Yankelovich, apenas metade dessas mulheres afirmou que, às vezes, sente necessidade de comprometer seus princípios, caindo em relação aos 56% da geração anterior.[33]

Quando surgem os desejos da meia-idade, poucas mulheres sentem que devem reprimi-los. Desmotivada com um casamento falido, sentindo falta de seus filhos já adultos e querendo satisfação além do trabalho como gerente administrativa, Anna, que conheceremos no próximo capítulo, acordou um dia para a dura realidade: depois de trinta anos vivendo ao lado do marido, percebeu que nada tinha sentido para ela. Sacrificaria tudo para reviver o amor pela música e os antigos sonhos de se tornar uma artista. Seguindo o exemplo de muitas mulheres nesse estágio da vida, ela comenta: "Preferiria estar morta a não poder viver essas coisas".

Notas

[1] Elaine Wethington, "Expecting Stress: Americans and the 'Midlife Crisis'", *Motivation and Emotion*, vol. 24, 2000, pp. 85-103.

[2] Centro Nacional de Estatísticas Educacionais, "Post-secondary Institutions in the United States: Fall 2002" e "Degrees and Other Awards Conferred, 2001-2002", NCES #2004-154, Washington, D.C., outubro de 2003, p. 5.

[3] Deborah Carr, "Psychological Well-Being across Three Cohorts", in Orville G. Brim, Carol D. Ryff e Ronald C. Kessler (orgs.), *How Healthy Are We? A National Study of Well-Being at Midlife*. Chicago: University of Chicago Press, 2004, p. 477.

[4] James T. Bond, Cynthia Thompson, Ellen Galinsky e David Prottas, *Highlights: National Study of the Changing Workforce*. Nova York: Families and Work Institute, 2003, p. 23.

[5] Lydia Saad, Jim Harter e Larry Emond, dados originais obtidos de pesquisa da Organização Gallup, Princeton, março de 2004. Baseado no Lifestyle GPSS Aggregate de 2001-2003, publicado em 29 de março de 2004. Memorando por *e-mail*.

[6] Ann Clurman, análise de dados originais do *Yankelovich Monitor*, Chapel Hill, publicado em 17 de maio de 2004. Memorando por *e-mail*.

[7] Robert Prisuta e Sarah Zapolsky, "Baby Boomers Envision Retirement II", Associação Americana de Aposentados e Roper ASW, Washington, D.C., 2004, p. 53. Informação obtida em entrevista por telefone realizada com o autor.

[8] Alice Rossi, memorando não publicado no estudo Midlife in the United States, Amherst, 14 de fevereiro de 1998, p. 5.

[9] Edward O. Laumann, Universidade de Chicago. Entrevista por telefone com o autor, 22 de abril de 2004.

[10] Xenia P. Montenegro, "Lifestyles, Dating and Romance: A Study of Midlife Singles", Associação Americana de Aposentados e Rede de Conhecimento, Washington, D.C., setembro de 2003, p. 8.

[11] Tom Smith, Centro de Pesquisa de Opinião Nacional, Chicago, 23 de julho de 2004. Memorando por *e-mail*.

[12] Michael W. Wiederman, "Extramarital Sex: Prevalence and Correlates in a National Survey", *Journal of Sex Research*, vol. 34, 1997, pp. 167-74.

[13] Steven P. Martin, Universidade de Maryland, análise original dos dados da Pesquisa de Renda de 2001 e do Programa de Participação, Departamento de Censo dos Estados Unidos, 26 de março de 2004. Memorando por *e-mail*.

[14] Xenia P. Montenegro, "The Divorce Experience: A Study of Divorce at Midlife and Beyond", Associação Americana de Aposentados e Rede de Conhecimento, Washington, D.C., maio de 2004.

[15] Martin, memorando por *e-mail*.

[16] Janet Lever, Universidade da Califórnia, Los Angeles, 18 de março de 2004. Memorando por *e-mail* com base na revista *Elle* e MSNBC.com, "Office Sex & Romance Survey", 2002.

[17] Centro Nacional de Estatísticas, quadro 174.

[18] Estudo de Estilo de Vida da DDB, "Religion in Middle Age". Análise de dados originais, Chicago, 16 de setembro de 2004.

[19] Matt Schueller, Leisure Trends Group, "Middle-Aged Women and Leisure Activities". Estudo original, Boulder, Colorado, 14 de setembro de 2004.

[20] Harvey Lauer, "IHRSA/ASD Health Club Trend Report (1987-2002)" e "The Superstudy of Sports Participation", *Fitness Activities*, vol. 1. Hartsdale: American Sports Data Inc., 2002.

[21] C. V. Wiseman, S. R. Sunday, F. Klapper, W. Harrison e K. A. Halmi, "Changing Patterns of Hospitalization in Eating Disorder Patients", *International Journal of Eating Disorders*, vol. 30, 2001, pp. 69-74.

[22] Edward Cumella e Remuda Ranch, Wickenburg, Arizona, 12 de maio de 2004. Memorando por *e-mail*.

[23] Alice Rossi, "The Menopausal Transition and Aging Processes", in Brim et al. (orgs.), op. cit., pp. 189-90.

[24] Saad et al., Pesquisa Gallup, 2004.

[25] Ravenna Helson, Estudo Mills Longitudinal, Universidade da Califórnia, Berkeley, 28 de março de 2004. Memorando por *e-mail*.

[26] Pauline Maki, Universidade de Illinois em Chicago, Centro de Medicina Cognitiva, 24 de agosto de 2004. Memorando por *e-mail*.

[27] Nancy E. Avis e Sonja M. McKinlay, "The Massachusetts Women's Health Study: An Epidemiologic Investigation of the Menopause", *Journal of the American Medical Women's Association*, vol. 50, março-abril de 1995.

[28] Instituto de Reabilitação de Chicago, "2004 Survey of Baby Boomers".

[29] Prisuta e Zapolsky, "Baby Boomers Envision Retirement", quadro 129.

[30] Elaine Wethington, Ronald C. Kessler e Joy E. Pixley, "Turning Points in Adulthood", in Brim et al. (orgs.), op. cit., pp. 600-8.

[31] Elaine Wethington, 10 de agosto de 2003, entrevista por telefone com a autora.

[32] Phylllis Moen e Elaine Wethington, "Midlife Development in a Life Course Context", in S. L. Willis e J. D. Reid (orgs.), *Life in the Middle: Psychological and Social Development in Middle Age.* San Diego: Academic Press, 1999, pp. 3-24.

[33] Clurman, *Yankelovich Monitor.*

2

O ponto de ruptura
Por que a crise de meia-idade tem tanta força

Os rios em climas extremamente frios congelam no inverno. Na primavera, quando descongelam, o barulho do gelo rachando é incrivelmente violento. Quanto mais extenso e severo o congelamento, mais barulhento é o derretimento. Mas, ao final do período de rachaduras e de rupturas, o rio fica aberto, receptivo para seguir a vida. Ninguém diz: "Não vamos sofrer o derretimento; vamos manter o congelamento; está tudo quieto agora".

– MARY E. MEBANE, *Mary, Wayfarer: An Autobiography*

Quem vê Anna durante o dia nunca esperaria encontrá-la deitada à noite debaixo de um cobertor com um jovem namorado. A sós com um homem vinte anos mais novo e relaxando ao lado de um lago sob o céu estrelado, nem mesmo Anna acredita no que está acontecendo.

Aos 54 anos, não imaginava que escutaria a voz de um homem viril e forte dizendo que ela é sexualmente atraente. Não esperava se sentir romântica, empolgada, excitada.

Muito respeitada na pequena cidade onde vive, Anna trabalha há décadas no mesmo emprego e mantém o mesmo casamento. Aparentemente, ela é uma pessoa estável e confiável. Foi fiel a seu marido por mais de vinte anos, carinhosa com seus filhos e responsável em seu trabalho como gerente administrativa.

Mas nesta noite é seu outro lado que está no controle. É o lado que começou a frequentar sozinha clubes de *jazz* à noite, mesmo contra a vontade de seu marido, é o lado que deseja sentir excitação e afirmação, que deseja ser artista e produtora. Depois de um encontro casual no clube com um homem jovem, um colega de trabalho, Anna e ele começaram a sair à noite. Agora a atração que sente por ele é forte demais para resistir.

Protegidos pela escuridão, fazem sexo. Em seguida, o jovem amante a abraça e a acaricia. "Não consigo acreditar que fizemos isso", ela murmura. Vai se lembrar daquele encontro durante semanas.

É agora ou nunca

Esse namoro vivenciado por Anna é um sintoma de crise de meia-idade tempestuosa que faz com que ela passe da euforia ao desespero. Em algum ponto do caminho, enquanto se dedicou por três décadas como esposa, mãe e gerente de respeito, acabou perdendo a conexão consigo mesma.

Agora, na meia-idade, frustrada com o casamento estagnado, com a carreira sem futuro e com os filhos já criados, Anna foi tomada por uma explosão de sentimentos que pensara ter deixado para trás há muito tempo. Está cansada de sorrir para os clientes do trabalho mesmo sem sentir vontade, cansada de trabalhar o dia inteiro, voltar para casa e começar o segundo turno, cansada de ver o marido sentado no sofá com o controle remoto na mão, quando, na verdade, deseja muito mais. Quer se divertir, fazer a música que ama, ter mais intimidade e se relacionar com pessoas que gostam das mesmas coisas que ela.

Anna chegou a um ponto de ruptura – não vale mais a pena manter velhos valores, objetivos e sonhos. Nesse momento crítico, os impulsos, os desejos, as perdas e os problemas da meia-idade tomam tal proporção que a mulher começa, conscientemente ou não, a sair do velho caminho de sempre e a deixar para trás parte de sua vida. Pode sentir que esse ponto de ruptura seja libertador e energizante, ou desesperador. De qualquer modo, nunca mais será a mesma.

Anna sabe que seu comportamento está prejudicando seu casamento; uma parte dela não quer destruí-lo. "Não quero jogar fora tudo o que amo", Anna diz. "Mas meu desejo por aventuras é mais forte." Logo sentirá uma forte tendência ao suicídio.

A história de Anna é um exemplo melodramático da forte turbulência e da necessidade de correr riscos que podem surgir na crise da meia-idade. Tais forças podem prejudicar uma vida inteira de trabalho dedicado à construção de sua reputação, de seu casamento, de sua carreira.

Apesar de a maioria das mulheres passar por mudanças mais graduais e moderadas que as de Anna, a crise de meia-idade em todos os casos ganha poder a partir das raízes profundas de nosso conhecimento a respeito de quem somos. Surge então uma sensação de urgência: agora é a hora de realizar seu sonho ou de desistir dele. Reagir significa afundar algumas de nossas partes.

As energias que causam a crise de meia-idade surgem das esperanças, dos desejos e dos objetivos que foram reprimidos. Quando essas partes ressurgem, assumem um grande poder. O fato de as termos enterrado por muito tempo – para alcançarmos nossos objetivos profissionais, criarmos nossos filhos, pagarmos nossas contas, sermos mais responsáveis e respeitáveis como adultos – não diminui a força que elas têm. "A vida ainda se apega muito a elas e, na verdade, as sementes do futuro estão nessas partes" esquecidas de nós mesmas, escreve a psicanalista Murray Stein.[1]

Um exemplo de filha

Anna precisou deixar de lado muitas inibições. A mais velha de quatro irmãos, se esforçou muito durante a infância para parecer perfeita. Seus pais se importavam demais com a imagem que teriam na comunidade. Criada com a regra "fazemos tudo certo", Anna acreditava nos alertas feitos pelos pais de que os outros julgariam toda a família ao observar o comportamento dela.

Aparentemente, sua família parecia satisfeita. Seus pais mantinham a imagem de um casamento feliz. Mas seu pai sempre era transferido de cidade em função do trabalho. Sem a possibilidade de criar raízes, Anna teve uma infância solitária. "Eu tinha de fazer novos amigos o tempo todo", ela conta. Aprendeu a ser simpática em qualquer circunstância. "Sabia conversar até com as portas."

Mesmo assim, devido às mudanças, passava muito tempo sozinha em seu quarto ouvindo o rádio. "Eu cantava sem parar, amava cantar. Isso foi a minha salvação. Eu me imaginava nas músicas e imaginava as pessoas cantando para mim", diz. A música era um rio que a levava ao encontro de uma intimidade imaginada com outras pessoas e à liberdade de se expressar.

Anna saiu da faculdade para se casar ainda jovem com um homem bem-sucedido e popular em sua comunidade, dez anos mais velho. Seu marido era bonito e conhecido – um bom partido, o que aumentaria o orgulho da família.

Deixou de lado a parte que amava a música e assumiu a fase adulta, trabalhando, cuidando de seu casamento e criando os filhos que logo vieram. Seu marido tinha uma carreira importante, que exigia educação e habilidade, mas que não pagava bem o suficiente para sustentar a família. Sem um diploma universitário, Anna precisava trabalhar em tempo integral em funções que não a agradavam. Sentia-se presa, realizando as mesmas tarefas sem parar.

Ela e o marido eram comprometidos com o casamento e procuraram ajuda psicológica quando tiveram dificuldades em se comunicar um com o outro e quando tiveram problemas com a intimidade. Mesmo assim, com o passar dos anos, Anna começou a se sentir ressentida por precisar cozinhar, limpar, lavar e passar, além de trabalhar fora. Para seu marido, as coisas eram "fáceis demais", ela pensava.

O marido realizava algumas tarefas domésticas e era um pai dedicado. Mas, na opinião de Anna, ele deixava a desejar na intimidade. Em momentos difíceis, ao pedir ajuda quando estava doente ou exausta, ele simplesmente a ignorava. Sempre dava prioridade ao próprio trabalho. Ela sentia falta de seu marido fazê-la se sentir atraente e sexualmente desejada.

Quando entrou na casa dos 40 anos, Anna sofreu uma série de baques. Seu querido pai faleceu e seus três filhos solteiros saíram de casa para viver a própria vida, deixando um vazio. Mais uma vez, como na infância, Anna se sentiu deslocada. O emprego do marido a afastou de sua família. Vendo suas amigas felizes com o nascimento dos netos, ela passou a sentir um grande desespero.

Certo dia, ao atravessar uma ponte perto de sua cidade, seus olhos se voltaram para uma grade de proteção por onde ela já havia passado centenas de vezes – uma fina barreira entre a estrada e o abismo. Muitos metros abaixo, podiam-se ver as águas turbulentas de um rio. Ela havia pensado em pôr fim à sua dor.

"Seria muito fácil simplesmente virar o volante. Acho que ninguém sentiria muito a minha falta", pensou, chorando. Parou o carro e começou a soluçar, desejando ter a coragem de atravessar a grade de proteção. Lutando para se controlar, convenceu-se de que seus filhos sofreriam. Mas o marido, sem dúvida, se casaria novamente.

Anna se surpreendeu com a indiferença que sentiu ao pensar naquilo.

Libertando-se

Assustada com a ideia de suicídio, Anna começou a sentir uma nova sensação de rebeldia. "Não quero ficar presa nessa caixa em que me coloquei. Não quero sempre me preocupar com o que as pessoas estão pensando sobre mim. Quero me libertar dessas correntes."

Matriculou-se em um curso semanal de piano com um jovem músico. Na intimidade artificial do pequeno estúdio, Anna percebeu os primeiros sinais de que ainda era sexualmente atraente – sinais que vinham de seu professor, um homem quinze anos mais jovem. O interesse que ele demonstrava era como uma droga para ela. Pela primeira vez em décadas, ela se sentia atraente, e os dois vivenciaram um caso rápido.

"Durante anos eu me esforcei, acreditando que havia um motivo para isso. Sempre escondi meus sentimentos. Mas agora não quero mais escondê-los. Estou cansada de ser a pessoa que segue todas as regras."

O professor de piano lhe abriu as portas para um novo círculo de amigos, músicos e amantes da música. Anna começou a frequentar boates, ficando além da meia-noite, perdendo-se na música. As *jam sessions* a deixavam tão renovada que, quando voltava para casa, ficava acordada por horas, tocando piano.

Sua vitalidade atrai outros admiradores, e ela começa a ter outro caso, com um jovem de seu trabalho. Anna encontra um novo professor, um músico bem-sucedido, e vibra com os incentivos dados por ele. Enquanto ele canta e ela toca piano, Anna se sente perto do céu. "A parte que ganha vida dentro de mim tem a ver com a música", diz.

Anna pensa em seguir carreira na música, como produtora de grupos de *jazz*. Compartilha essa ideia com um possível sócio, um publicitário experiente que a pressiona para formar uma parceria. Mas Anna não conta seu sonho ao marido. Acredita que ele diria algo para desencorajá-la, como: "O que a faz pensar que pode fazer isso?" Mas, ao assistir aos artistas tocando, Anna não contém seu desejo. "Há muitas coisas que quero fazer. Não há tempo suficiente", comenta.

Preenchendo o vazio

As mulheres em crise de meia-idade, a princípio, entram em um tipo de vazio. Diante de um casamento estagnado, da morte do pai e do ninho vazio, Anna já não vê sentido em reprimir seu amor pela música e seu desejo por intimidade. Mas o desmoronamento de uma imagem construída há tantos anos permite que o caos se instale.

Isso marca um ponto de desenvolvimento – um estágio de transição ou de limitação. A psiquiatra Lise Van Susteren, de Washington, D.C., relaciona essa experiência com a de um navio parado no porto por algum tempo. "Enquanto estava à deriva no porto, esse barco se manteve seguro. Mas não é para isso que servem os navios. Para nos mantermos vivos e animados em relação à vida, precisamos sair das águas paradas."

O limite costuma ser marcado por extremos de emoção e de comportamento. Quando metade de nossas tentativas exige um capacete, como aconteceu em minha crise de meia-idade, ou quando você se senta à mesa sem conseguir se concentrar porque só pensa em sexo, você chegou ao limite.

Sua força é ilustrada pela lenda folclórica báltica recontada no *best-seller* de 1992 *Mulheres que correm com os lobos*, de Clarissa Pinkola Estés. Em uma história que tem sido contada e recontada por gerações, Estés escreve sobre o encontro de uma menina com uma velha feiticeira chamada Baba Yaga. O conto gira em torno do dilema causado pela falta de carvão na casa em que vive a menina Vasalisa com sua cruel madrasta. Na esperança de que Vasalisa seja morta, a madrasta a envia em uma perigosa viagem até a casa da temida feiticeira, no meio da floresta, para conseguir carvão para reacender a lareira.

Baba Yaga, que representa um tipo de mestra da psique selvagem, concorda em dar os carvões a Vasalisa, mas apenas se ela cumprir uma série de tarefas aparentemente impossíveis: lavar, limpar, desmatar, colher alimentos e cozinhar. Se a menina falhar, Baba Yaga diz, será comida pela bruxa. Conforme Vasalisa passa um tempo com Baba Yaga, aprende a enfrentar o grande poder da deusa selvagem. Com a ajuda de uma boneca esperta que Vasalisa carrega no bolso, presente dado por sua falecida mãe, a menina consegue mediar as exigências de Baba Yaga. Consegue fazer tudo sem errar.

Apesar de a bruxa parecer cruel e assustadora, quando Vasalisa completa as tarefas heroicas, Baba Yaga lhe dá um crânio humano para reacender a lareira em sua casa. Guiada pela luz do crânio, Vasalisa encontra um caminho na floresta escura. Ao chegar em casa, mata a madrasta com o fogo e continua a viver por muito tempo.

As dificuldades de Vasalisa representam os problemas que todas nós enfrentamos quando cuidamos de nosso eu, escreve Estés. Baba Yaga está ensinando a menina a manter a alma feminina. Para aumentar nosso poder, devemos limpar nossas emoções, separar e renovar nossos valores, organizar o pensamento e construir energias dentro de nós. Ao fazer Vasalisa enfrentar o poder temido do feminino e concluir essas tarefas sem errar, Baba Yaga a está treinando para reacender as paixões e as forças de sua alma.

"A mulher deve conseguir arder de paixão, com palavras, com ideias, com desejo por tudo o que ame de verdade", diz Estés. "É a preparação de coisas completamente novas e originais, de novos caminhos, de comprometimentos com a arte e com o trabalho que alimenta a alma selvagem." O castigo por permitir que esses fogos internos se apaguem é enfrentar a fúria mortal de Yaga, mãe e mestra selvagem. "Há um preço a pagar se ela sentir fome", escreve Estés.[2]

Reacendendo o fogo

Da mesma maneira, a mulher pode viver em um inferno se deixar o propósito e o sentido de sua vida adormecidos por muito tempo. O processo de atiçar essas chamas internas, chamado "atender o não racional", como diz Estés, é uma tarefa da crise de meia-idade. Para continuar crescendo como ser humano, a mulher não tem outra escolha a não ser fazer o que for preciso para reacender as chamas de seu interior.

A odisseia de meia-idade de Anna lhe causa muita dor, vergonha e culpa. Seu marido fica abismado por ela gostar de tocar *jazz* à noite, mas se recusa a acompanhá-la aos clubes. Por sua vez, ela sente falta da música e da companhia de outras pessoas que compartilham seu interesse. Os casos extraconjugais de Anna são breves e emocionalmente desgastantes. Seu marido não sabe que ela o trai, mas Anna sofre por ser desleal e por ser capaz de feri-lo. Conscientemente, seu objetivo não é estragar seu casamento. Ela não quer ficar sozinha na velhice. Porém, essa consciência desaparece diante da necessidade que sente.

Anna relaciona sua maneira de pensar com a de uma adolescente descontrolada. "Estou vivendo coisas que deveria ter vivido antes. Agora estou correndo atrás do tempo perdido", diz.

Muitas pessoas que estão nessa fase tentam descobrir como podem se sentir tão mal em um estágio tão maduro da vida. A resposta, segundo Elaine Wethington, pesquisadora da Universidade Cornell, é: "Crescer dói".

Um enigma para os entes queridos

A crise de meia-idade pode abrir um enorme abismo entre quem você pensa que é e quem os outros pensam que você é. Dar vazão a partes perdidas de nós mesmos faz com que deixemos de lado, por um tempo, os papéis, a imagem, os hábitos, os objetivos e os comportamentos que construíram uma imagem – uma fachada social que faz com que os outros pensem que se trata de uma personalidade por completo, mas que pode, na verdade, ser apenas parte dela.

As pessoas que passam por uma crise de meia-idade às vezes se comportam de um modo bem diferente do normal. Levadas por uma grande emoção, mudança de humor ou impulsividade, acreditamos que somos mais românticas, ousadas, joviais, poderosas ou espertas do que realmente somos. Também podemos acreditar que novos amantes, professores ou outros "messias da meia-idade" são mais românticos, ousados, joviais, poderosos ou espertos do que realmente são. Vemos apenas o que queremos ver.

Anna não contou nem mesmo às suas melhores amigas sobre seus relacionamentos extraconjugais; sabe que elas ficariam espantadas. O marido considera seu comportamento incompreensível. Tolera suas saídas noturnas apenas porque não tem como fazê-la mudar de ideia.

"Desisto. Não tenho de gostar disso, mas não vou dizer mais nada", diz o marido. Ele não se sente mais atraído por Anna, já afirmou, e eles começaram a dormir em quartos separados. "Gostava mais de você como era no passado", ele fala. "Não posso mais ser aquilo", ela responde.

Anna se sente preocupada. "É muito triste para mim que os desejos da meia-idade não sejam bons para o relacionamento com meu marido. Parece que estou jogando tudo pela janela." Mas, no momento, ela está voltada para dentro de si. "Emocionalmente, fiz minha mala em meus pensamentos, várias vezes."

Alvo de piadas

Esse tipo de problema pode ser tão incompreensível para as outras pessoas que elas usam o humor como defesa, fazendo piada da crise de meia-idade para poderem ficar a uma distância psicologicamente segura. As pessoas se escondem atrás do moralismo ou da zombaria, principalmente porque é assustador pensar que elas também podem passar por essas necessidades a qualquer momento. O comportamento socialmente prejudicial, que pode parecer irracional, assusta, pois poderia acontecer com você.[3] É uma possibilidade de que muitas pessoas preferem manter distância – com humor, julgamento, incredulidade ou qualquer defesa que possa ajudar.

Conforme o fenômeno da crise de meia-idade aumenta, podemos esperar muitas piadas culturais a respeito do assunto. O escritor de moda Dany Levy criou um novo termo para descrever uma mulher que está "velha demais para o que está vestindo", como na frase: "Aquela mulher de 45 anos está vestindo *jeans* de cintura baixa. É maluca ou apenas *teenile* (mistura das palavras *teen* [adolescente] com *senile* [senil])?"[4]

Imagens de vovós motoqueiras já lotam as estantes de cartões. No brilhante filme de Jared Hess, de 2004, *Napoleon Dynamite*, a avó do herói, uma mulher que provavelmente está na faixa dos 50 anos, veste uma camiseta com a palavra "divorciada" e vai à praia em um *buggy*. Voando pelo topo de uma duna e sendo aplaudida por um grupo de meninos bronzeados, a senhora bate com toda a força e machuca o cóccix.

Em meu estágio mais turbulento, minha filha, então com 15 anos, brincou dizendo que eu não lhe dava limites de comportamento contra os quais se rebelar. "Como vou poder dar vazão à minha rebeldia adolescente se você já está agindo como louca?", ela disse em tom de zombaria. "Já estou até vendo, vou telefonar para casa e dizer: 'Mãe, estou namorando um terrorista'. E você vai dizer: 'Que ótimo, querida. Você fumou maconha?'"

Não usamos drogas, e minha filha, felizmente, não está namorando nenhum terrorista. Mas sua brincadeira reflete sua frustração por ter desempenhado o papel da adulta em alguns momentos durante minha crise de meia-idade, implorando que eu não saltasse de *bungee jump* nem corresse perigo com meu triciclo.

Encontrando o meio-termo

Assim como Vasalisa, que, com a ajuda da sábia boneca dada pela mãe, conseguiu retomar seu fogo interior sem morrer nas mãos da feiticeira, o desafio na crise de meia-idade é integrar as partes perdidas de nós mesmas sem destruir os pedaços de nossa velha vida que valem a pena ser mantidos. O objetivo deveria ser um equilíbrio delicado entre a moderação e a exploração. Devemos levar nossas necessidades a sério, sem perder uma saudável suspeita a respeito das urgências que aparecem e das buscas que elas sinalizam.[5]

Tolerar essa tensão entre o crescimento e a segurança não é um caminho simples. Algumas teorias psicológicas oferecem perspectivas (para obter mais informações sobre o registro da crise de meia-idade nos anais da teoria psicológica, veja o Anexo A). O psicólogo pioneiro Erik Erikson é famoso por sua teoria, estabelecida na década de 50, de que as pessoas se desenvolvem não apenas durante a infância e a adolescência, como Freud acreditava, mas também ao longo da vida adulta. Cada um dos oito estágios de desenvolvimento que Erikson descreveu traz novas tarefas a ser dominadas. E, em cada estágio, as pessoas passam por tensão entre traços opostos – desenvolvimento de confianças *versus* desconfiança na infância, por exemplo. Apesar de precisarmos ser confiantes, também precisamos de um pouco de desconfiança para que não sejamos tolos ou ingênuos. Assim, uma pessoa saudável aprende a estabelecer um equilíbrio.

Os estágios do início e do meio da fase adulta apresentam dois conjuntos de tarefas de desenvolvimento, diz Erikson. O primeiro, no início da fase adulta, é encontrar equilíbrio entre a intimidade

– sua capacidade de estar próximo dos outros como amante, amigo ou membro da sociedade – e o isolamento. Apesar de precisarmos de intimidade, também precisamos manter distância suficiente para evitar nos tornar promíscuos ou nos perder nos outros.

No meio da fase adulta, período entre a metade dos 20 até o final dos 30 anos, acreditava Erikson, a tarefa é desenvolver a generatividade, a habilidade de contribuir para o bem-estar de gerações futuras, sem necessariamente esperar o retorno do investimento. Além disso, os adultos devem resistir à tendência de se estagnar e de se voltar para si mesmos, não se preocupando com mais nada. Assim, um adulto saudável na meia-idade aprenderá a se doar livremente para a sociedade e para as futuras gerações, ao mesmo tempo em que equilibra essa doação com atenção às necessidades e aos cuidados consigo mesmo.

Anna, por exemplo, parece ter dificuldades com as tarefas de desenvolvimento do início e do meio da fase adulta estabelecida por Erikson. Está procurando intimidade em seus romances extraconjugais. Mas também está tentando atingir um equilíbrio, para não se perder na promiscuidade. "É muito difícil controlar essa fera, mas estou aprendendo", diz.

Anna também está indo em direção à generatividade. Se fosse realizar seu sonho de carreira como produtora e promotora, poderia ajudar músicos jovens a expressarem sua criatividade – um sonho que lhe foi negado em sua juventude. Mas até nisso ela precisa estabelecer um equilíbrio – o modo como ela enxerga seu marido articular, de maneira rude, quando imagina que ele criticará seus sonhos.

Outro ponto de vista é encontrado na psicologia junguiana. Essa teoria diz que partes reprimidas ou enterradas de nossa personalidade, chamadas "sombras", podem surgir na meia-idade. Nos homens, é a *anima*, o lado reprimido feminino. Nas mulheres, é o *animus*, o lado reprimido masculino – o "adolescente interno" que algumas mulheres dizem conhecer durante a crise de meia-idade. Os psicólogos junguianos se voltam para a mitologia e para os sonhos, a fim de interpretar partes reprimidas de uma pessoa.

Uma parábola que explica a dinâmica do caos da meia-idade, do ponto de vista junguiano, pode ser encontrada na brilhante interpretação de Murray Stein da *Odisseia*, de Homero.[6] O encontro de Odisseu com a feiticeira Circe é uma lição sobre como formar a relação correta com as partes reprimidas de nosso interior. Apesar de Odisseu ser um homem que luta para integrar seu lado feminino inconsciente, ou *anima*, os mesmos princípios podem ser aplicados para mulheres que integram partes reprimidas de si mesmas.

Segundo essa interpretação, a ida de Odisseu a Ítaca depois de uma década lutando na Guerra de Troia simboliza uma viagem em direção à completude psicológica – chamada *individuação* na psicologia junguiana. Na ilha de Circe, entretanto, os homens de Odisseu encontram um obstáculo. Distraem-se com o canto da deusa do amor físico enquanto ela os enfeitiça, os encanta e os droga, para, depois, transformá-los em porcos – feras que ainda possuem mente de homem presa em físico de porco. No mito, Circe representa a *anima*, a parte feminina reprimida da personalidade masculina – tão forte a ponto de ameaçar escravizar. Os porcos simbolizam os seres humanos em sua pior forma, escravos de seus impulsos mais baixos. Representam qualquer pessoa presa na autossatisfação egoísta de uma crise de meia-idade fora de controle.

Odisseu quer evitar o mesmo destino, mas não quer abandonar seus homens. Como ele pode encontrar um meio-termo: libertá-los sem ser presa de Circe? Em termos junguianos, ele precisa descobrir um novo tipo de relacionamento com a parte inconsciente de si.

Odisseu encontra Hermes, um sábio guia que oferece um remédio que o protege das poções de Circe, e que lhe dá conselhos sobre como vencer a deusa. Em vez de sucumbir, Odisseu empunha sua espada e assusta Circe, para que ela o leve para a cama. Apenas depois de Odisseu tomar o controle da situação é que eles fazem amor. Circe, então, faz o que Odisseu quer: livra seus homens do feitiço, libertando-os da armadilha. Os viajantes descansam na ilha por um ano, recuperando as forças no relacionamento pacífico com Circe, antes de seguir viagem.

Assim como Odisseu encontra uma nova maneira de se relacionar com seu lado feminino reprimido, as mulheres em crise de meia-idade precisam encontrar um novo relacionamento com as características, as necessidades e os desejos que ressurgem. Tais necessidades são os guias para a felicidade futura. No entanto, as mulheres não devem adotar a autossatisfação impulsiva sem pensar, perdendo-se no sexo casual, nos gastos exagerados, nas aventuras inconsequentes e no tratamento destrutivo dado aos outros. Aí está o desafio principal dessa fase: encontrar o meio--termo.

No caso de Anna, rejeitar as partes de sua personalidade que estão surgindo – a amante e a artista – faria com que ela fosse forçada a reverter sua velha imagem. Apesar de isso ser muito mais seguro que o caminho escolhido por ela, também significaria abortar seu crescimento na meia-idade e sofrer outro tipo de inferno: uma vida passada na reciclagem das mesmas experiências de sempre, da vida que a levou ao limite e quase ao suicídio. "O maior erro que as pessoas cometem é não passar pela crise de meia-idade. Ela é um sinal de que você quer mais da vida. Que coisa maravilhosa!", diz a dra. Van Susteren.

"Mas essa energia deve ser usada de maneira inteligente", acrescenta. Dar total vazão a seu lado sombrio levaria Anna a um tipo diferente de escravidão a seus desejos físicos. De alguma maneira, ela precisa encontrar um jeito de abordar essas necessidades, assim como fez Odisseu – com a espada em punho e assumindo o controle antes de permitir que os desejos entrassem em sua vida e em seu coração. Assim como a sábia boneca de Vasalisa a ajudou a encontrar uma maneira inteligente de retomar sua vida, um guia como Hermes – um bom terapeuta, um amigo ou um familiar de confiança, um parceiro ou um conselheiro espiritual – pode nos ajudar a encontrar o meio-termo: aprender com Circe sem destruirmos a nós mesmos.

Limites do cérebro

Até agora, a maioria das pesquisas a respeito dessas transições dinâmicas no desenvolvimento adulto na meia-idade tem sido realizada por psicólogos. No entanto, novas descobertas na neurociência cognitiva apoiam a evidência comportamental de que o crescimento e o desenvolvimento podem ressurgir na meia-idade.

No passado, acreditava-se que o cérebro, depois de ser totalmente formado, era incapaz de crescer mais depois dos primeiros anos de vida. No entanto, em uma revolução da neurociência, os pesquisadores estão descobrindo que o cérebro normal e saudável pode mudar e desenvolver novas sinapses – pontos de contato entre células – ao longo da vida, diz Gene D. Cohen, diretor do Centro de Envelhecimento, Saúde e Humanidades da Universidade George Washington. Com base em estudos de cadáveres de animais e de seres humanos, o número de sinapses pode aumentar cerca de 20% em reação a novos desafios assumidos por um adulto. As células do cérebro podem não aumentar de tamanho e criar novos dendritos – extensões que fazem conexões com outras células. Em reação a novos desafios, o ambiente e a experiência de uma pessoa na meia-idade podem então causar mudanças fisiológicas no cérebro, afirma Cohen, que está escrevendo um livro sobre a importância dessas descobertas para nossa compreensão acerca do desenvolvimento dos adultos. O cérebro reage ao exercício mental da mesma maneira que um músculo reage ao exercício físico.[7]

A maioria das pesquisas até o momento se concentrou no desenvolvimento cerebral das crianças e dos idosos. No entanto, conforme novos estudos são realizados nos institutos nacionais de saúde e em outros centros de exploração neurológica, é possível que mais evidências surjam e mostrem que as mudanças comportamentais e o crescimento psíquico pelo qual passamos na meia-idade são refletidos em mudanças reais e mensuráveis de nossos cérebros.[8] Assim, na teoria pelo menos, a crise de meia-idade pode produzir um cérebro mais equilibrado e desenvolvido.

Preparada para a crise

Por que algumas mulheres têm crises de meia-idade turbulentas como a de Anna, enquanto outras passam por essa fase tranquilamente? Ninguém tem uma infância perfeita. Todos passam por perdas na fase adulta. E a maioria das pessoas enfrenta problemas nessa fase. Mas certas circunstâncias e características aumentam a possibilidade de você estar entre os 36% das mulheres que terão a crise de meia-idade.

Aquelas que possuem carreiras insatisfatórias e cansativas ou que vivenciam casamentos estagnados são grandes candidatas. Mulheres cuja tentativa de equilibrar trabalho e família toma o espaço de todas as outras conquistas de sua vida também podem passar por essa tempestade. Pessoas que evitam se renovar no trabalho ou na vida pessoal, que apenas "empurram com a barriga" e ignoram as frustrações acumuladas durante a vida, são mais suscetíveis a sofrer com a crise de meia-idade.

Pessoas que carregam uma grande bagagem emocional desde a infância também correm um risco maior. Anna carregava um caminhão inteiro nesse aspecto. Sua infância foi ruim, e o casamento de seus pais lhe servia como modelo de frustração. Apesar de eles manterem as aparências de um casamento feliz, mais tarde ela soube que eles raramente transavam e que seu pai, um homem carinhoso, tinha de se reprimir dentro do casamento. "Ele poderia ter sido uma pessoa divertida e maluca, mas nunca teve permissão para sê-lo", Anna diz. Assim como seu pai, ela acabou escondendo seus desejos que não encontravam fuga no casamento. Ela também suspeita que ele tenha tido casos extraconjugais.

Pessoas que demonstram o que os psicólogos chamam de "neuroticismo", ou uma tendência a ser instáveis em suas emoções, interações e relacionamentos, têm mais possibilidade de sofrer com a crise de meia-idade. Essas pessoas costumam se chatear mais com fatores de estresse diário e interações. Outra pesquisa descobriu que a depressão, um mal que acontece quase duas vezes mais com as mulheres do que com os homens,[9] está relacionada a uma probabilidade maior de turbulência na meia-idade.

Outras características aumentam as possibilidades de uma pessoa ter uma crise de meia-idade bem-sucedida – sair dela mais feliz, depois de ter integrado as mudanças que deseja em sua vida. Mulheres que costumam participar de eventos positivos têm uma chance maior de fazer mudanças na vida que lhes possibilitarão sair da crise de meia-idade mais satisfeitas e bem-sucedidas, de acordo com um estudo realizado em 1999.[10] Não é de surpreender que os pesquisadores tenham descoberto que pessoas com um "nível mais alto de eficácia" ou competências de vida – como habilidades de comunicação, de relacionamento e de trabalho – têm uma chance maior de realizar mudanças positivas.

O equilíbrio de muitos papéis no início da fase adulta também está relacionado a um crescimento bem-sucedido na meia-idade. Dois estudos realizados com uma geração anterior de mulheres formadas em universidade – um feito pela Universidade de Michigan e outro pela Faculdade Radcliffe – descobriram que o número de papéis que uma mulher desempenha aos 28 anos garante satisfação e bem-estar na meia-idade. Ou seja, uma mulher que lida com muitas funções no trabalho, na família e na comunidade no final da faixa dos 20 anos tem mais probabilidade de encontrar satisfação na faixa dos 40 a 50 anos, mesmo que tenha menos obrigações. Essa geração de mulheres – que têm mais papéis para desempenhar – pode ter mais chances de sair satisfeita da crise de meia-idade.[11]

Os mesmos estudos sugerem que as decisões que as mulheres tomam no início da meia-idade determinam seus anos de felicidade posteriormente. Um grande percentual de mulheres nos estudos – 34% em Radcliffe e 61% em Michigan – expressou, aos 37 anos, algum tipo de arrependimento em relação ao curso de vida até então. Algumas decidiram usar esse arrependimento como combustível para redirecionar a vida e realizar mudanças. Na metade dos 40 anos, essas mulheres afirmaram, em uma nova rodada de entrevistas, que se sentiam tão felizes quanto aquelas que não haviam tido nenhum arrependimento aos 37 anos.

Outras mulheres que se arrependeram aos 37, no entanto, escolheram não fazer nada em relação a isso. Estas foram as mais infelizes de todas na rodada de entrevistas seguinte. De acordo com os pesquisadores,[12] sofriam com menos bem-estar, mais depressão e uma sensação de ineficácia na vida.

Assim, a turbulência na meia-idade é como um aviso em néon alertando os viajantes a encontrar uma nova estrada. À frente existe uma bifurcação.

Esses cruzamentos apresentam escolhas que são fundamentais. Qual é o sentido da vida? Qual é meu maior e mais verdadeiro potencial? Como posso viver meus últimos anos? A luta para responder a essas perguntas fez com que muitas das mulheres de meu estudo passassem por uma profunda cura psicológica. Os psicólogos junguianos veem esse processo como tão profundo que é essencialmente uma luta espiritual ou religiosa. Em muitos aspectos, esta tem sido a minha experiência.

Na raiz da experiência humana na meia-idade, a escolha básica é clara. Podemos aceitar a mudança conscientemente e seguir adiante – somos preparadas para lutar pela completude. Ou podemos negar e reprimir o caos da meia-idade – e seguir adiante da mesma maneira, porém guiadas pela dor inconsciente, como mostrarão as histórias deste livro.

A decisão é nossa.

Notas

1 Murray Stein, *In Midlife: A Jungian Perspective*. Dallas: Spring Publications, 1983, p. 78 (ed. bras.: *No meio da vida: uma perspectiva junguiana*. São Paulo: Paulus, 2007).

2 Clarissa Pinkola Estés, *Women Who Run with the Wolves*. Nova York: Ballantine Books, 1995, p. 93 (ed. bras.: *Mulheres que correm com os lobos*. Rio de Janeiro: Rocco, 1992).

3 Stein, op. cit., p. 93.

4 Dany Levy, "On Language: Chickspeak", *The New York Times Magazine*, vol. 18, 22 de agosto de 2004.

5 Stein, op. cit., pp. 95-100.

6 Idem, op. cit., pp. 83-105.

7 Gene D. Cohen, *The Creative Age: Awakening Human Potential in the Second Half of Life*. Nova York: Quill, 2001, pp. 50-52.

8 Gene D. Cohen, 15 de outubro de 2004, entrevista por telefone com o autor.

9 R. C. Kessler, K. A. McGonagle, M. Swartz et al., "Sex and Depression in the National Comorbidity Survey. I: Lifetime Prevalence, Chronicity and Recurrence", *Journal of Affective Disorders*, vol. 29, outubro-novembro de 1993, pp. 85-96.

10 Carol Magai e Beth Halpern, "Emotional Development During the Middle Years", in Margie E. Lachman (org.), *Handbook of Midlife Development*. Nova York: John Wiley & Sons, 2001, pp. 333-34.

11 E. A. Vanderwater, J. M. Ostrove e A. J. Stewart, "Predicting Women's Well-Being in Midlife: The Importance of Personality Development and Social Role Involvements", *Journal of Personality and Social Personality*, vol. 72, 1997, pp. 1.147-60.

12 Jutta Heckhausen, "Adaptation and Resilience in Midlife", in Lachman (org.), op. cit., pp. 354-55.

PARTE 2

Os arquétipos: procurando nossa parte perdida

No clássico conto infantil de Shel Silverstein "The Missing Piece", o herói, um círculo que tem um pedaço faltando, rola incansavelmente em busca de sua parte perdida.

"Oh, estou procurando por minha parte perdida!", entoa. Na busca, o herói aprende que grande parte do sentido da vida não se concentra na obtenção de determinado objetivo, mas em aproveitar o caminho.

Assim como o herói de Silverstein, as mulheres na crise da meia-idade estão à procura de uma parte perdida de si mesmas – uma capacidade forte e reprimida ou características que desejam expressar e integrar a uma vida mais rica.

Nem todas as mulheres estão à procura do mesmo pedaço que falta. Algumas procuram amor, liderança ou uma missão espiritual; outras não querem nada mais que autoexpressão artística ou aventuras; e muitas querem uma mistura dessas experiências.

Em meu estudo, a força propulsora que se esconde por trás da crise da meia-idade se encaixou em seis amplas categorias ou arquétipos. Cada um desses desejos é, até certo ponto, universal, refletindo nossas capacidades humanas essenciais de amor, criação, liderança, proteção e aprendizado. Um determinado arquétipo costuma surgir na crise da meia-idade de uma mulher se for forte dentro dela e se estiver reprimido há muito tempo. Sua experiência pode ter mais de um arquétipo, ou vários em sequência.

A crise da meia-idade de cada mulher também se deu em seu próprio ritmo e com níveis variados de explosão e de intensidade. Organizei esses padrões em seis categorias básicas. Compreender as categorias da crise da meia-idade ajudará as mulheres a se relacionar com os outros durante essa transição.

Os arquétipos da crise da meia-idade

A Aventureira: Muitas mulheres procuram libertar-se de alguns sentimentos por meio da aventura física ou do turismo na meia-idade. Em atividades que vão desde paraquedismo a escaladas nos Andes, a mulher no papel de aventureira se esforça para superar seus medos e ultrapassar velhos limites. Envolve-se em grande esforço físico ou na liberdade das viagens, escapando de ansiedades e de compulsões e testando seus limites pessoais. A Aventureira aumenta seu mundo, incentiva a tomada de riscos e vence o medo.

A Amante: Muitas mulheres procuram uma alma gêmea na meia-idade, um amante que dê a chance de alcançar total intimidade psicológica. Esse arquétipo envolve a esperança, a procura e a construção de uma parceria para a vida que satisfaça esse desejo. Motiva algumas mulheres a trabalhar seu casamento, a se aproximar do parceiro. Outras encontram um novo parceiro que parece prometer intimidade sem precedentes. As mulheres levadas ao papel da Amante às vezes entram em uma série de relacionamentos na meia-idade, um mais saudável e mais satisfatório que o outro. A Amante também constrói amizades mais íntimas na meia-idade, dando às mulheres a liberdade de ser elas mesmas, espontânea e incontrolavelmente.

A Líder: Muitas mulheres procuram deixar sua marca no mundo na meia-idade. Querem deixar para trás as regras dos outros e o comportamento de agradar as pessoas para criar algo novo e unicamente seu. A Líder deseja influenciar os outros. São as mulheres que dão início a negócios ou a movimentos políticos ou de caridade na meia-idade. Algumas abandonam trabalhos repressivos para escapar de líderes que elas não respeitam mais. A Líder aproveita a oportunidade de deixar um legado significativo.

A Artista: A Artista organiza sua vida de acordo com sua autoexpressão, geralmente na arte. Deixa de lado outros objetivos para dar prioridade a interpretação, música, redação, escultura, pintura, filmes. Para se sustentar, ela pode se tornar professora de artes ou conseguir um segundo emprego. Mas não restam dúvidas de que fazer sua arte ou viver sua vida como artista ocupa o ponto central de sua vida. Sua maior alegria tem origem no crescimento da criatividade, na manifestação de sua visão e no incentivo ou estímulo dos outros com seu trabalho.

A Jardineira: Como o herói no romance clássico do século XVIII, *Cândido*, de Voltaire, a Jardineira viajou o mundo, descobriu muitas coisas ruins e chegou a um tempo de desestímulo e desilusão. Na meia-idade, ela conclui que o melhor caminho para a sabedoria está em cuidar de seu jardim – metáfora para o mundo que está ao alcance de seu controle. A Jardineira se concentra profundamente nos elementos da vida que já tem e se mobiliza para expandi-los e fortalecê-los. Ela se esforça para tirar o máximo proveito de sua família, amigos, comunidade e objetivos. Olha para dentro de si para encontrar sentido e novas possibilidades de descoberta. Acima de tudo, esse arquétipo ajuda a mulher a aprender a valorizar e a viver profundamente o momento.

A Buscadora: Esse arquétipo motiva a mulher a começar sua busca da meia-idade no ponto em que outras terminam a delas: procurando um caminho espiritual. Independentemente de sua afiliação religiosa ou conhecimento, a Buscadora prefere encontrar um conjunto de crenças espirituais que sustentem seu sentido e sua serenidade. Pode passar um grande tempo experimentando diversas tradições religiosas e ensinamentos antes de se acomodar com um determinado conjunto de crenças. Algumas mulheres se envolvem profundamente com um tipo de crença religiosa. Outras se voltam a disciplinas espirituais não tradicionais, frequentando seminários ou praticando meditação. Independentemente do caminho individual da mulher, a Buscadora tem grandes chances de causar uma enorme transformação de vida – nas atitudes, na carreira, no amor, nos passatempos e em todos os âmbitos.

As formas da crise de meia-idade

A crise de meia-idade ocorre de maneira distinta em cada mulher, em diferentes velocidades e com momentos únicos. Se os arquétipos são a bússola das crises dessa fase, então as formas são as leis da física que comandam como elas se desdobram. As mulheres em meu estudo passaram por seis grandes formas de transição:

Explosão Sônica: Esse tipo de crise de meia-idade surge com força sísmica e rapidamente desfaz antigos relacionamentos, hábitos e compromissos. Assim como o fenômeno da aviação que dá nome a ela, a Explosão Sônica abala o mundo da mulher quando ela se livra de antigas barreiras e entra em um plano novo e mais energético. A crise do tipo Explosão Sônica é a mais percebida – e satirizada – em nossa cultura, porque é diferente do comportamento comum que a mulher mantinha antes, com a antiga imagem que possuía.

Moderada: Nesse tipo, a mulher transforma sua vida de maneira mais lenta e contida. Uma crise Moderada envolve menos conflitos e destruição que os outros modelos. Permite a integração de paixões reprimidas à personalidade da mulher gradativamente, passo a passo, sem destruir sua vida. Essa forma elimina a necessidade de uma explosão e pode ser o modelo mais saudável de todos.

Queima Lenta: Esforçando-se para não deixar seus desejos tomarem conta da situação, a mulher nessa forma procura válvulas de escape mais aceitáveis socialmente. Resiste a curas radicais, como embarcar em uma nova carreira ou escalar o Himalaia. Em vez disso, direciona suas energias a mudanças menores e mais tímidas. A diferença entre uma crise Moderada e uma Queima Lenta é que, nesta, a mulher não aborda suas necessidades honestamente. Em vez disso, no mínimo as reprime por medo. A Queima Lenta evita assustar os outros ou causar violência a relacionamentos existentes. Mas também arrisca enforcar o potencial total da mulher.

Fogo de Palha: Em um padrão que pode ser trágico, a mulher nesse modelo procura uma nova vida ou um novo amor, mas logo perde a coragem e tenta voltar atrás. Geralmente é tarde demais; o prejuízo já está feito e ela perdeu um casamento ou outros aspectos importantes da vida que valiam a pena ser mantidos. O medo é a emoção que assume o controle em uma crise Fogo de Palha, fazendo com que a mulher tome atitudes repletas de pânico ou tolice, pois não tem as habilidades ou o autoconhecimento para ir adiante. Sua crise de meia-idade nasce essencialmente morta, deixando-a presa por falta de potencial.

Ataque de Fúria: Essa forma é marcada pela emoção descontrolada. Gera tanto calor e intensidade que, assim como no Fogo de Palha, a mulher entra em um novo casamento, carreira ou outros compromissos muito rapidamente. Pode ser que ela esteja com pressa para acalmar sua dor ou com preguiça de analisar a si mesma e encontrar as raízes de seus problemas. Mais tarde, percebe que repetiu os erros do passado, inconscientemente escolhendo um novo parceiro, uma nova carreira ou outro objetivo iguais aos que foram abandonados. No entanto, diferentemente de uma crise Fogo de Palha, a mulher em um Ataque de Fúria realiza um progresso significativo ao mudar sua vida, mesmo que seja de maneira mais emocionalmente conflituosa.

Início Adiado: Assim como Hamlet, herói trágico de Shakespeare, a mulher que assume esse modelo tem medo de agir. Vê-se presa na indecisão acerca de "ser ou não ser" – dar atenção a suas necessidades e "sofrer as flechadas do destino ousado" ou sofrer uma morte psíquica por renunciar a elas. A mulher do Início Adiado não faz com que sua crise de meia-idade seja frutífera, mas se mantém presa aos primeiros estágios de desespero e desestímulo. Sua hesitação leva à estagnação; sua incapacidade de agir se torna um obstáculo para a tomada de decisão e o crescimento. Assim, as oportunidades da meia-idade passam por ela sem ser aproveitadas.

Os próximos seis capítulos mostrarão como esses arquétipos e formas se desenrolam na vida das mulheres.

3

A Aventureira

Nunca permita que o medo interfira em seu conhecimento.
— Provérbio indígena norte-americano

O caminho de madeira termina em um vão, saindo da ponte 43 metros acima das águas marinhas do rio Kawarau, na Nova Zelândia.

Esse trampolim para o nada é, na verdade, a plataforma de lançamento para um dos maiores *bungee jumps* do mundo. Mas, para Lynn, de 52 anos, parece uma forca.

"Solte a grade de proteção e caminhe até a ponta", diz o instrutor de *bungee jump*.

"O quê!?", Lynn grita para si mesma. O cabelo loiro na altura dos ombros solto ao vento, as pernas unidas pela corda de *bungee jump* – Lynn sente náusea. Dando passinhos de bebê até a beirada, ela se sente como Maria Antonieta sendo levada à guilhotina.

Uma voz dentro de sua mente – que Lynn chama de "seu adolescente interno" – passa um comando: "É agora ou nunca, querida". Outra voz, "a matrona séria" de Lynn, exige atenção; considera uma maluquice alguém pular de uma ponte da altura de quase quinze andares. Lynn segura na barra da plataforma de madeira, tremendo por um momento.

"Cinco... quatro... três... dois... um", conta o instrutor.

Lynn se inclina para frente, flexiona os joelhos e abre os braços. Mais um passinho e ela é lançada ao abismo.

Lutando contra a queda a princípio, Lynn se solta quando entra em um estado aéreo de graça. Todos os papéis que ela construiu em sua vida – de mãe, profissional, esposa, voluntária em comunidade – são esquecidos, sua "matrona interna" é silenciada. Seu corpo se entrega meio arqueado e ela segue tranquilamente em direção às águas claras abaixo. Diferentemente de outros saltadores, cujos braços balançavam sem parar, os de Lynn estavam perfeitamente esticados. Ela se sente como um pássaro, como diria mais tarde.

Chega ao final da corda de *bungee jump* e volta uma, duas, três vezes, balançando como um brinquedo em uma corda elástica. Em seguida, estica a mão para se segurar em uma vara estendida em sua direção por um homem em um barco de resgate. Lynn entra no barco sorrindo. Sente uma catarse, originada da perda de controle, tão desconhecida para ela. O estado livre de ansiedade em que se encontra continuará forte por meses.

Uma mensageira disfarçada

A Aventureira procura – e encontra – excitação e mudanças que abrem caminho para novos estilos de vida e aventuras coloridas. As mulheres guiadas por esse arquétipo gostam do sentimento de excitação física e de exploração. Geralmente tiveram poucas oportunidades na vida para desenvolver suas habilidades atléticas ou seu senso de aventura. Superar o medo é o objetivo principal.

A Aventureira pode ajudar uma mulher a se desfazer da ansiedade, do medo ou da vergonha que a impede de se conectar com seu potencial. Esse arquétipo costuma envolver um segundo dom, a liberdade de se envolver em outra missão pessoal. No caso de Lynn, a aventura na Nova Zelândia a ajudou a dar passos em direção de conseguir uma nova carreira na política. Para Sophia, a quem conheceremos posteriormente neste capítulo, a Aventureira lhe deu a chance de viajar e passar por um período de intenso crescimento espiritual e emocional.

Esse desejo pode transformar as meninas que sempre eram escolhidas por último nas brincadeiras da escola a entrar para equipes de remadores ou ciclistas na fase adulta. Pode fazer com que matronas se transformem em maratonistas ou fazer com que programadoras abandonem o escritório em busca de uma vida na estrada.

As Aventureiras estão liderando o crescimento do turismo, e muitas agências oferecem opções de pacotes a mulheres acima de 40 anos. A Menopausal Tours, empresa de turismo com sede em San Leandro, Califórnia, teve um aumento de 15% em viagens de aventura entre as mulheres de meia-idade. Entre as ofertas, estão *rafting* no caudaloso rio Futaleufu, no Chile, passeios de balão sobre o deserto do Novo México ou exploração de matas na ilha havaiana de Molokai.

Cerca de três quintos dos clientes da Mountain Travel Sobek, em Emeryville, Califórnia, especialista em turismo de aventura para pequenos grupos com destinos como Marrocos e ilhas Galápagos, são mulheres cuja faixa etária é de aproximadamente 49 anos. Os guias da Mountain Travel, que trabalham com mulheres na faixa dos 50 anos, veem que elas florescem e se concentram em si mesmas.[1] Uma cliente, ex-professora, escalou o monte Kilimanjaro pela primeira vez aos 53 anos. Seu "bis" foi correr uma maratona na Antártida. Seu objetivo é correr uma maratona em todos os continentes.

As mulheres entre 45 e 59 anos estão ajudando a aumentar a participação em escaladas de rochas, caiaquismo e *rafting*. A Racing Adventures, escola de corrida de Scottsdale, Arizona, teve um grande aumento nas matrículas de mulheres de meia-idade em apenas quatro anos. As mulheres agora representam cerca de 10% dos alunos de corrida da escola e eram encontradas em número muito menor doze anos atrás; cerca de quatro quintos dessas alunas têm mais de 38 anos.[2]

No ápice da loucura por *fitness* – o triátlon –, as mulheres de meia-idade estão ganhando dos homens. Elas agora representam 40% nos eventos da Ironman North América, mais que os cerca de 20% de cinco a dez anos atrás. Cerca de 40% a 50% das participantes dessas competições de resistência muito pesada têm entre 30 e 44 anos; e um número significativo compete entre as idades de 45 e 49 anos.[3]

Metade das mulheres que são membros do *site* Skateboard/Mom.com, de Barb Odanaka, tem mais de 40 anos, e esse número tem aumentado rapidamente. Centenas se juntaram ao *tour* Mama Skate-O-Rama de diversas cidades, fazendo manobras ao lado de frequentadores assíduos de pistas – os adolescentes. O *skate* atrai a atenção das mulheres para o presente, diz Odanaka, autora de um livro sobre mães skatistas. "Quando você desce uma parede vertical, é necessário focar totalmente essa ação. Não pode estar pensando na lição de casa que o Joãozinho precisa fazer. É como algo zen. Se não estiver concentrado, você pode cair. Simples assim." Odanaka explica que algumas de suas amigas chamam o skatismo de "Prozac sobre rodas".

A força da Aventureira

Por que uma mulher de 52 anos se aventuraria em um *bungee jump* aparentemente sem sentido e quase absolutamente assustador? Pela adrenalina, pela sensação extática de liberdade, pela loucura em si – Lynn cita tudo isso para explicar sua paixão por aventura. Ela parafraseia o filósofo Blaise Pascal, do século XVII:

"La couer a ses raisons que la raison ne connaît point" – "O coração tem razões que a própria razão desconhece". "Não se pode pensar demais nas coisas. É preciso agir. O pensar nos torna covardes", diz. Dar atenção a seu "adolescente interno" fez com que ela anulasse a voz da razão, tempo suficiente para se comunicar com suas forças internas.

A Aventureira deixa de lado questões de ego e outras restrições, a fim de redescobrir a importância da diversão na meia-idade. A diversão permite que a pessoa abra mão da importância que dá a si mesma sem sacrificar a autoestima, descobriu George Vaillant, psiquiatra, em um estudo de cinquenta anos de Harvard sobre o desenvolvimento de adultos.[4] A diversão permite experimentar um novo "eu", ter uma visão de quem você quer se tornar na metade da vida. E isso torna a meia-idade divertida.

A Aventureira permite que as mulheres escapem por um momento das perdas da meia-idade. *Bungee jump*, motociclismo, escalada, turismo de aventura, tudo isso permite que nos dissociemos de nossa dor. Na verdade, essas atividades fazem com que o intenso foco mental exigido por muitos esportes e a perda de controle que as aventuras costumam englobar nos tirem de nosso vazio. Nesse processo, rompemos velhas barreiras e aprendemos sobre nossos limites e forças.[5]

A Aventureira também transforma as preocupações com as capacidades físicas perdidas e com a mudança da aparência em um desejo positivo de ter força e condicionamento físico. Esse processo, chamado sublimação, é uma maneira madura de enfrentar as coisas, uma maneira de transformar o que é negativo em positivo. E, para muitas mulheres de meia-idade, a aparência e o peso se tornam uma preocupação desanimadora. As mulheres se preocupam mais, nesse ponto, com o peso e com a forma, e costumam ser mais críticas em relação à aparência e negativas em suas autoavaliações. Mais da metade das mulheres de 50 anos afirmam que seu peso e seu corpo estão piores que cinco anos atrás;

mais de 10% das mulheres fazem avaliações negativas a respeito dessas características. Essa negatividade reflete em parte pressões culturais; o verdadeiro ganho de peso das mulheres nesse estágio da vida não é maior que o dos homens.[6] No entanto, as preocupações são reais, e a Aventureira busca uma maneira de desfazê-las.

Uma transição inflamável

Os anos que Lynn passou criando seus três filhos enquanto trabalhava como médica em Washington, D.C., foram "como abraçar o mundo com as pernas... como tentar catar papel na ventania", diz. "Eu fazia biscoitos e fantasias no Halloween. Eu caía no sono como se entrasse em coma antes mesmo de me deitar." Analisando a si mesma no espelho, Lynn temia estar se tornando velha, triste, apagada. Como outras mulheres em meu estudo, durante os anos de sobrecarga de trabalho e de cuidados com a família, Lynn, às vezes, sonhava em entrar no carro e dirigir para longe. E nunca mais voltar.

Ela começou a querer viver aventuras. Uma amiga havia lhe contado sobre a emoção do *bungee jump*, deixando Lynn curiosa. Também sonhava em ter um cargo na política. "Dizia a mim mesma que, se não fizesse isso, daqui a dez anos olharia para trás e diria: 'Sua tola, você teve chance e não a aproveitou'."

Os sonhos se tornaram interligados na mente de Lynn. Quando planejou uma viagem com seus filhos adolescentes para a Nova Zelândia, centro do *bungee jump*, decidiu saltar. A lição que aprendeu ali mudou o modo de ver outras conquistas. "Um salto de *bungee jump* é uma ótima maneira de abrir mão de ansiedades e de assumir novas ideias. É como se tornar completa novamente", diz. Quando a decisão é tomada, "você não para e pensa: 'Qual é o sentido disso?', e pesa os prós e os contras. Simplesmente se cala e salta".

Lynn voltou para casa e começou a se preparar para a carreira pública, mudando-se com a família para uma nova comunidade. Não foi uma decisão simples. Ela e o marido adoravam a casa antiga e não gostaram da ideia de tirar a família do lugar em que estava. "Foi como levar um chute no estômago", disse. "O período de transição difícil, antes de entrar no próximo renascimento, machuca muito."

Mas ela aprendeu que o resultado recompensa a dor. "Quando se chega à meia-idade, você já provou que faz muitas coisas: tem um emprego, criou seus filhos, é responsável. Agora é uma época de conquistas novamente", diz.

O próximo plano de Lynn: uma temporada de quinze dias de escalada no Everest.

Uma euforia natural

O papel da Aventureira envolve alguns riscos: morrer ou se tornar aleijada.

Sempre a última a ser escolhida nos times de esportes da escola na infância, Sarah, fisioterapeuta do Tennessee, passou a praticar caiaquismo e remo como parte de sua crise de meia-idade do estilo Ataque de Fúria, que começou aos 49 anos. "Adorei aquela emoção que me lembra por que é tão divertido estar viva. É bom saber que ainda tenho coragem de correr riscos."

Sarah pagou um preço alto por isso: quebrou a clavícula ajudando a carregar um pesado barco e não pode levantar mais nada por estar com o ombro afetado.

Mas "foi a atividade física que me trouxe à realidade e fez com que eu analisasse o que estava procurando", diz. Sua nova percepção fez com que ela fizesse novas amizades, começasse novamente a frequentar concertos e substituísse seu guarda-roupa cheio de calças parecidas por saias floridas de várias cores e texturas.

A Aventureira também pode se beneficiar de uma visão mais global e cosmopolita. As crises de meia-idade fizeram com que Valeria, gerente de empresa e mãe de Connecticut, caísse na estrada, sozinha na maioria das vezes. "Fotografei pores do sol em Stonehenge, dirigi pela extensão da rocha de Gibraltar, já fui parada pela polícia na Europa e andei de bicicleta pelos canais de Amsterdã. Fiquei boquiaberta com as cores da Capela Sistina e visitei campos de concentração na Polônia." De volta para casa, decidiu testar sua coragem de maneira nova e mais altruísta: está treinando para se tornar uma enfermeira de resgate da Cruz Vermelha.

A Aventureira também pode dar à mulher uma válvula de escape para aliviar a pressão. Alyson, advogada do Oregon com três filhos na fase escolar, chegou perto do desespero quando se aproximou da faixa dos 40 anos. Sentia-se sufocada ao pensar na ideia de continuar com seu trabalho de equilibrar funções por mais vários anos, aqueles necessários para criar seus filhos. Mas não queria fazer nada que destruísse sua família.

Sua paixão por maratonas surpreendeu a si mesma. "Nunca pensei que pudesse ser uma atleta", diz. "Nunca pensei que pudesse correr. Se alguém apontasse uma arma para as minhas costas, nem assim eu correria."

Mas sua inquietação fez com que ela começasse a correr um pouco com seu marido – e ficou feliz quando, certo dia, chegou a correr quase dez quilômetros. Na casa de uma amiga naquela noite, bebendo vinho depois do jantar, Alyson lançou um desafio: "Vamos participar de uma maratona!" Sua amiga rapidamente aceitou. "Para nós duas, foi um grande desafio e um grande objetivo. Eu queria ter a sensação de 'ainda conseguir fazer isso'." Quatro meses depois, escolheram uma maratona do Arizona e começaram um intenso treinamento.

Cruzar a linha de chegada em sua primeira corrida foi "provavelmente a maior emoção que eu senti, depois de ter meus filhos", diz Alyson. Ela correu seis maratonas nos dezoito meses seguintes, conseguindo terminar a Maratona de Boston. Seu melhor tempo: 3h39, uma grande conquista para uma corredora de 44 anos. Alyson também formou um grande grupo de amigas com os mesmos interesses: seis mulheres em torno dos 40 anos que se encontravam às 5h15 todos os dias para correr.

A Aventureira mostrou ser o arquétipo perfeito para a crise de meia-idade moderada de Alyson. A meia-idade "seria bem mais complicada se eu não fosse uma corredora", comenta. E o esporte lhe devolveu a coragem de sonhar de novo.

A próxima conquista de Alyson é uma viagem de aventura. "Adoraria fazer uma caminhada pelo Nepal ou uma daquelas viagens com *rafting* em corredeiras."

A Oeste

Para Sophia, um desses passeios com *rafting* fez acontecer a Explosão Sônica. A mãe de três filhos estava na faixa dos 40 anos quando se inscreveu para participar da travessia do rio Colorado com uma empresa de esportes de aventura. A conexão que ela estabeleceria com esse mundo natural nessa viagem passaria a significar muito mais, anunciando uma mudança de sua vida pessoal, profissional e espiritual. Sua história destaca um potencial de aventura, como um trampolim para uma mudança maior.

Durante anos, Sophia tentou disfarçar uma inquietação crescente da meia-idade. Na infância, foi uma moleca; mas, nos anos da adolescência, assumiu o comportamento contido esperado das meninas de sua comunidade de classe média-alta. No ensino fundamental, buscou a perfeição e foi eleita cidadã-modelo. Durante vinte anos cuidou com muito carinho do marido e das filhas. Editora esforçada, passou a trabalhar em uma empresa que lhe pagava mais na faixa etária dos 30 anos, para colocar as filhas na faculdade. Não gostava de seu trabalho. Seu chefe era grosseiro e às vezes a ofendia. Todo seu salário era consumido pelos gastos com a faculdade e as despesas domésticas.

Quando Sophia completou 40 anos, com os filhos já fora de casa, começou a questionar os valores que a haviam guiado. Numa reunião de colegas de faculdade, 25 anos depois da formatura, um grupo de amigas se reuniu para compartilhar suas histórias. "Querem a versão cor-de-rosa da história ou a verdade?", uma mulher começou. Ela passou a contar uma história de alcoolismo e da quase falência que secretamente prejudicou uma família que sempre mantivera a imagem de perfeição.

Em um retiro religioso para mulheres, Sophia ficou sabendo de histórias sobre discórdia conjugal e familiar. Ficou espantada. "Ali estavam todas aquelas pessoas agindo como se tudo fosse maravilhoso, como se nada estivesse errado. E não era verdade. Depois disso, tudo me pareceu uma mentira."

Sophia se lembra de estar diante do fogão certa noite, cozinhando para seu marido, que assistia à TV na sala de estar. De repente, pensou: "Meu Deus! É assim que vou passar o resto de minha vida? Não quero passar os anos que me restam fazendo o jantar para alguém que chega em casa e se senta no sofá com o controle remoto".

Sentiu-se cada vez mais desanimada e começou, pela primeira vez, a ter problemas de saúde, como uma dor abdominal causada por estresse e uma infecção respiratória que a levou a uma internação breve no hospital. "O poço secou", pensou. "Não tenho mais nada a oferecer. Estou vazia. Estou me acabando."

A viagem que escolheu para se aventurar de *rafting* foi uma tentativa de reavivar sua chama interna. Fez muito mais que isso. Depois de oito horas na água, Sophia aceitou um convite para jantar, feito por um amigo de seu guia, um homem que havia construído uma grande casa perto do rio. "Entrei na casa dele, fui ao jardim e minha alma voltou. Lembrei-me de quem eu era e da mulher que havia abandonado", Sophia conta.

Ela nunca quis terminar seu casamento; passou vinte anos sendo fiel e leal a seu marido. Mas, quando a crise de meia-idade se tornou um peso muito grande para ambos suportarem dentro do casamento, a união se desfez. Ela e o homem que conhecera tiveram um rápido caso e viajaram pelas montanhas, o que abriu um novo mundo a Sophia. "Ele foi como um anjo, despertando-me para o Oeste", diz.

Eles terminaram quando Sophia percebeu que ele não era o que ela tinha imaginado, que havia projetado nele qualidades demais. Mas "agradeci a ele por ter chamado minha atenção e ter sido meu ímpeto" para a mudança de vida, conta.

Sophia iniciou seu negócio de consultoria para controlar as horas de trabalho e se mudou para o Oeste, onde o acampamento, as trilhas, o *rafting* e as atividades ao ar livre passaram a ter um papel central em sua vida, que se expandiu em diversas direções. Passou a fazer meditação e a ler muito sobre as tradições espirituais. "Escolho e seleciono as diversas filosofias que existem", comenta.

Aprendeu muito sobre si mesma. "Tenho uma ótima ligação com a terra. É muito importante para mim estar na natureza. É essencial se sentir viva e crescer nos relacionamentos e na vida espiritual."

E ela anda conhecendo o mundo. Já fez escalada na América do Sul e na Europa e meditou em Stonehenge. Além disso, dentro dos padrões típicos de muitas mulheres de meu estudo, Sophia se envolveu em uma série de relacionamentos com homens, um melhor que o outro.

Todo seu trabalho consigo mesma curou Sophia, de corpo e alma. Apesar de ela se preocupar com o impacto do divórcio na vida de suas filhas, o relacionamento melhorou e elas gostam de viajar com a mãe. Depois de décadas se sacrificando pelas outras pessoas, a crise de meia-idade "ajudou-me a compreender que, se uma pessoa escolhe ser ela mesma, todo mundo fica feliz", ela diz.

Notas

[1] Robyn Savage, Mountain Travel Sobek, Emeryville, 23 de agosto de 2004. Memorando por *e-mail*.

[2] David Zubick, Racing Adventures, Scottdale, 18 de agosto de 2004. Memorando por *e-mail*.

[3] Paul Huddle, Multisports.com, Encinitas, 23 de agosto de 2004. Memorando por *e-mail*.

[4] George Vaillant, *Aging Well: Surprising Guideposts to a Happier Life*. Nova York: Little, Brown, 2002, p. 224.

[5] Idem, op. cit., pp. 232-36.

[6] Alice Rossi, "The Menopausal Transition and Aging Processes", in Orville G. Brim et al. (orgs.), *How Healthy Are We? A National Study of Well-Being at Midlife*. Chicago: University of Chicago Press, 2004, pp. 179-89.

4

A Amante

Despedace meu coração, para que o amor possa fluir mais livremente.

— PROVÉRBIO SUFISTA

No ápice de uma brilhante carreira perto dos 50 anos, Carly enfrentou um problema que não soube resolver.

A executiva da Califórnia tinha obtido muita influência no ambiente de trabalho. Havia lançado produtos e ajudado a tomar decisões importantes em empresas de grande porte e negócios de rápida expansão. Por fim, abriu a própria empresa.

Mas, em sua vida pessoal, estava paralisada de medo. Depois de quase vinte anos, seu casamento estava desmoronando após três separações e reconciliações sem sucesso. Seu marido se afastara dela; havia anos não faziam amor. Carly perdera a confiança no esposo quando este não soube cuidar das questões financeiras. Apesar de o casal ter procurado terapia, o divórcio foi inevitável.

Mas Carly tinha medo das consequências financeiras e mais ainda de ficar sozinha. Infeliz, havia engordado e se sentia sem vida e sem ânimo. Acreditava que nunca mais encontraria um homem que a amasse. Sentia-se deslizando em direção a um desastre emocional.

Arrumando suas coisas, certo dia, abriu uma pequena caixa dentro de seu baú. Ali estava um diário com a capa amarelada pelo tempo, que ela havia escrito quando jovem, antes de se casar. Carly abriu o pequeno caderno e, de suas páginas, surgiu uma mulher de quem ela havia se esquecido – uma mulher atraente, vibrante e divertida, com "muitos homens ao meu redor, homens interessantes de todos os tipos. Eu estava me divertindo. Era muito forte tudo aquilo", conta. "Pensei: 'Para onde foi essa mulher?' Eu gostava dela." Era seu lado feminino e sensual que Carly havia enterrado, para competir no mundo dos negócios e para sobreviver em um casamento sem sexo.

Assim, teve início a odisseia de sete anos de Carly no papel da Amante, enfrentando seus demônios na crise de meia-idade Moderada. "Eu redescobri um 'eu' enterrado", diz. Começou uma série de novos relacionamentos. Passou a ter muita certeza de que ainda era capaz de atrair homens muito mais jovens. Sobreviveu até a grandes decepções.

Até que, por fim, encontrou um amor tão maduro, tão satisfatório, que transcendeu qualquer relacionamento que ela esperava ter.

Um arquétipo complexo

A Amante procura intimidade, amor ou satisfação sexual na meia-idade. É um modelo muito destrutivo e forte, que está aumentando o mundo de mulheres de meia-idade envolvidas em casos extraconjugais, pedindo divórcio e namorando homens mais jovens.

A Amante obtém força psicológica em parte do novo senso de liberdade das mulheres nessa fase. Muitas perdem a fertilidade na menopausa e veem isso como um ganho na liberdade sexual. O ninho vazio permite que as mulheres se libertem da casa e das responsabilidades domésticas. Essa liberdade permite que muitas mulheres alcancem um nível de desenvolvimento ainda desconhecido – a conquista de um amor maduro e adulto, ou intimidade, peça essencial para a saúde psicológica e para o bem-estar.

Algumas mulheres de meu estudo caracterizadas como Amantes obtiveram mais relacionamentos satisfatórios. Algumas revitalizaram seu casamento, encontrando mais intimidade com o marido. Outras, como na história de Lainey, contada mais adiante neste capítulo, vivenciaram uma época de "amor jovem" pela primeira vez.

Ainda, para muitas, a Amante serviu como um trampolim, causando mudanças necessárias em outras áreas da vida. Nessas crises de meia-idade, a Amante serviu como um pavio para uma dinamite psíquica enterrada, causando tanta destruição que as mulheres foram forçadas a realizar mudanças em outros âmbitos. A história de Naomi, que veremos adiante, ilustra esse exemplo.

A Amante tem um lado negativo. Às vezes, atrai mulheres que de fato deveriam estar trabalhando na revitalização de outras áreas de suas vidas, como carreira ou conquistas espirituais. Ela pode destruir casamentos que merecem ser salvos. Ela pode ser enganadora, fazendo com que uma mulher acredite que novos relacionamentos podem ser melhores que os antigos, mas, na verdade, são repetições dos erros do passado. A busca pela intimidade pode se tornar frenética, levando-a à promiscuidade. Além disso, o que parece paixão às vezes é apenas uma vontade de provar que somos atraentes fisicamente.

A Amante pode ser um cavalo de troia, que traz muitos problemas com os quais a mulher ainda não está pronta para lidar. As consequências podem prendê-la em um mundo dos mortos, causado pelo estrago que ela fez, sem chance de escapar.

A Amante também tem um lado nada romântico. Conforme a intimidade se torna prioridade na meia-idade, muitas mulheres simplesmente procuram amizades mais profundas. Dividindo e confiando, a mulher encontra nesses relacionamentos a liberdade de ser quem é, de relaxar, de estar aberta a experimentar novas maneiras de ser. Assim como no tempo que passa com um amante, essa intimidade não sexual permite que a mulher seja completamente verdadeira, dividindo as preocupações a respeito do ego e da autoimagem e enfrentando a turbulência da meia-idade.[1]

Relembrando o que foi esquecido

Encontrar seu diário ajudou Carly a passar pela dor do divórcio e enfrentar seu medo – medo de ficar sozinha pelo resto da vida. Motivada pelo ressurgimento de seu lado sensual e feminino, reuniu a coragem necessária para começar a namorar.

Foi difícil no começo. Carly teve um caso desgastante com um banqueiro que ela conheceu em uma viagem de avião. Ele deu a ela um anel de diamante e outros presentes. "Tivemos um ótimo romance", conta. "Foi forte e muito ardente."

Até que as coisas mudaram. O banqueiro repentinamente sumiu em uma viagem de negócios para a Europa, deixando Carly em pânico. Quando ele finalmente atendeu ao telefone, ela gritou: "Estou tentando falar com você há dias!"

A resposta dele foi brusca e rude: "Não posso continuar assim. Isso tudo é demais para mim". Arrasada, Carly mais tarde descobriu que o banqueiro havia mentido para ela, afirmando ser divorciado quando, na verdade, não era. Olhando para o anel que lhe dera, Carly tentou imaginar se os diamantes também eram falsos. "Percebi que não sabia diferenciar um diamante verdadeiro de um falso" – ou um compromisso genuíno de uma farsa. Foi uma entrada difícil no mundo do amor da meia-idade.

Juntando os cacos, Carly emagreceu e clareou os cabelos. Começou a namorar um engenheiro de *software* dez anos mais jovem, que decidiu que não queria se tornar padrasto dos dois filhos dela, em idade escolar.

Foram seus filhos que sugeriram uma mudança nos planos. "Mamãe, por que você não namora alguém da sua idade?", eles a provocaram, e lhe apresentaram alguns candidatos que haviam encontrado na Internet e que julgavam adequados para ela. Curiosa, Carly decidiu se divertir um pouco, criando um perfil. Vestiu um vestido preto para a foto, escreveu uma descrição animada (e verdadeira) de si mesma, na qual afirmava gostar de diversão e de aventura, e a divulgou em diversos *sites*. Sua imagem – de uma mulher vibrante, de olhos castanhos, sorriso agradável e cabelos loiros até os ombros – chamou atenção imediatamente.

Poucas horas depois, muitas pessoas haviam respondido, homens "maravilhosamente lindos" e vinte anos mais jovens. Carly ficou assustada; havia sido honesta em relação a sua idade no perfil. Esse fato não apenas pareceu não fazer diferença para os rapazes mais jovens, como também parecia ser um atrativo.

Toda a atenção masculina que recebeu foi ótima para a sua autoconfiança. "Eu era uma mãe quase desleixada, e o que alguns daqueles homens fizeram para tentar chamar minha atenção foi surpreendente", ela conta. Suas aventuras românticas se tornaram um assunto interessante entre suas amigas. Alguns dos homens enviavam fotos provocantes enquanto outros escreviam mensagens eróticas. Dois deles foram tão eloquentes que ela respondeu do mesmo modo.

"Eu não conhecia aquele meu lado", Carly conta. "Tenho muita diversão, muita sexualidade dentro de mim." Aos 48 anos, aprendeu algo novo sobre si mesma: "O sexo é uma parte essencial da vida. É importante para mim".

Carly namorou dezenas de rapazes nos anos seguintes – um modelo da revista *GQ* ("Ele era muito distante emocionalmente. Saímos apenas uma vez"); diversos rapazes bonitos na faixa dos 20 anos ("Eu gostava muito da energia deles"); e um empresário atlético e jovial, do ramo da construção, de 54 anos ("Eu me apaixonei perdidamente"). Mas decidiu pôr fim em suas aventuras na Internet depois que o empresário do ramo da construção repentinamente revelou que estava namorando outra pessoa. "Fiquei muito irritada", conta. "Decidi que estava cansada de mudar tanto de namorado. Estava na hora de ter algo mais sério."

Ela concordou em ir a um encontro às escuras planejado por uma amiga, com um homem mais velho, loiro, consultor de segurança de informações. Ele não era muito parecido com os homens musculosos e morenos por quem costumava sentir atração; no início, havia pouca química entre eles. Mas ela estava pronta para ir mais a fundo. Convidou o consultor e um grupo de amigos para um jantar em sua casa e ficou lisonjeada quando ele enviou uma cesta de presentes a ela no dia seguinte.

Sua gentileza "me surpreendeu", conta. "Ele me trata como uma rainha. E adora meus filhos." Os dois trocaram muitos *e-mails* que lembravam as correspondências dos "velhos tempos", compartilhando opiniões sobre música e arte. "Esse homem é sério", Carly percebeu. Seu namorado passou horas esperando por ela pacientemente em um aeroporto, certo dia – algo que nenhum homem havia feito por ela. O relacionamento havia assumido uma forma diferente de tudo que ela vivera até então: era mais profundo, mais paciente, mais respeitoso.

Aos poucos, ela está abrindo a porta para uma intimidade maior. Apesar de ainda ter sua casa, seus filhos e sua carreira, Carly está aprendendo a deixar seu namorado apoiá-la emocionalmente, cuidar dela em alguns aspectos. "Meu marido nunca fez isso", diz. Também está tendo mais tempo para si mesma, diminuindo as horas de trabalho, adotando uma alimentação mais saudável e fazendo exercícios físicos de três a cinco vezes por semana.

Sua crise de meia-idade, que durou sete anos, parece estar chegando a um agradável fim. "Eu me sinto uma pessoa mais completa em meu trabalho, em minha vida pessoal, completa como nunca me senti", conta.

As coisas mudam

A vida amorosa bastante agitada de Carly reflete uma mudança brusca nos papéis tradicionais de namoro e envolvimento. Antigamente, eram os homens quem procuravam companheiras mais jovens enquanto suas esposas ficavam em casa. Mas, agora, os casos amorosos entre homens mais jovens e mulheres de meia-idade são cada vez mais comuns. Alguns rapazes procuram uma parceira sexual experiente que não os pressionem para casar nem constituir família. Outros acreditam que as mulheres mais velhas os valorizam mais que as de sua idade.

Para uma mulher na meia-idade, as recompensas são claras: a confirmação de que ela é atraente é a primeira delas. Essa necessidade, tão presente entre essas mulheres a ponto de parecer uma epidemia, é a razão número 1 pela qual as mulheres têm casos extraconjugais, afirma Janer Lever, pesquisadora sobre sexualidade da Universidade da Califórnia em Los Angeles. As mulheres procuram confirmação, porque "a sociedade coloca em dúvida seu poder de atração", afirma Lever. As inseguranças femininas nesse âmbito surgem sem parar nas pesquisas, moldando o comportamento desde o uso de hormônios à satisfação sexual. O estudo da Fundação MacArthur, Meia-Idade nos Estados Unidos, descobriu que três quintos das mulheres entre 40 e 50 anos se preocupam com a perda do apelo físico.[2]

Além disso, muitas mulheres de meia-idade simplesmente gostam de se envolver com um homem viril. Muitas mulheres de meu estudo tiveram dificuldades para encontrar homens de sua idade com a mesma energia e interesse no sexo. "Os homens na faixa dos 50 anos costumam pensar que já fizeram de tudo, que estão em declínio ou em um momento de desaceleração na vida", Carly diz. "Eu não pensava assim, de maneira alguma, e não apenas sexualmente falando. A maneira como eles viam a vida era diferente. Eu gostava da energia dos homens mais jovens. Era assim que eu me via."

Desafiando normas culturais antigas, uma relação sexual satisfatória é quase tão importante para as mulheres de meia-idade de hoje quanto para os homens. Dois terços das mulheres entre 45 e 59 anos citam o sexo como algo importante para a qualidade de vida, quase tanto quanto os três quartos dos homens de meia-idade que o valorizam muito, afirma um estudo realizado pela Associação Americana de Aposentados em 1999. Mais da metade das mulheres nessa faixa etária ainda sente desejo sexual pelo menos uma vez por semana, algumas diariamente.[3]

Na verdade, algumas mulheres se tornam mais capazes de sentir o orgasmo conforme se aproximam dos 40 anos.[4] Uma pesquisa recente revela que é na meia-idade que muitas mulheres se sentem livres para se concentrar em seu prazer durante o sexo, e não no prazer do parceiro. Tipicamente, elas deixam para trás as pressões da juventude, incluindo o cuidado com os filhos, o medo de uma gravidez indesejada ou os prejuízos à reputação.

Como mostra a história de Carly, essas liberdades formam o cenário para um grande crescimento dos âmbitos sexual e emocional. "Acredita-se que uma vez que os seres humanos alcançam a maturidade física, o desenvolvimento sexual para. Isso está completamente errado", afirma Thomasina Sharpe, professora adjunta da escola de medicina da Universidade do Sul do Alabama. Na verdade, o desenvolvimento sexual é "um processo constante de reconhecimento, de aceitação e expressão de si mesmo como ser humano".[5]

Assim como Carly, Lainey deu enormes passos na meia-idade para se tornar uma mulher completa – de um ponto de partida completamente diferente.

Primeiro amor aos 50 anos

A crise de meia-idade de Lainey começou de maneira muito incomum, quando, aos 40 anos, ela decidiu abrir mão do sexo.

Um histórico de relacionamentos ruins fez com que a especialista em comunicação, de Washington, D.C., desistisse de tentar. Sempre escolhia homens que faziam com que ela se sentisse insegura, temendo ser abandonada e dependente – apesar de há décadas se sustentar confortavelmente como autônoma.

"Estou saindo do jogo do amor", prometeu. "Vou me entregar ao celibato até conseguir entender por que nunca encontrei um relacionamento saudável."

Em uma crise de meia-idade Moderada, Lainey tentou mudar sua vida. Conseguiu um emprego em uma empresa diferente, onde, pela primeira vez em anos, tinha um chefe que a incentivava a crescer profissionalmente. Cortou o cabelo loiro que costumava usar em um corte reto e passou a adotar um penteado mais jovial, que acentuava seus belos olhos e sorriso simpático. Vendeu seu pequeno apartamento e comprou outro de dois dormitórios com um quarto de hóspedes.

Ela comprou dois abajures antigos para o seu quarto. "Coloquei um de cada lado da cama e pensei: 'Talvez algum dia alguém me faça companhia nesta cama'. Não podia deixar de ter esperanças. Precisava acreditar, por mim, que não ficaria sozinha para sempre."

Passou a fazer terapia. "Eu disse a mim mesma: 'Sou inteligente e bem-sucedida. O que está acontecendo? Se eu não enfrentar esses problemas agora, quando vou enfrentá-los? Preciso ser corajosa e descobrir o que quero e o que não quero'."

Seu terapeuta a ajudou a ver que estava presa por muito tempo na orientação emocional que aprendera com sua mãe. Na infância, nunca se sentiu segura ou aceita. Manter seu peso sempre foi muito difícil para ela, e sempre tinha a impressão de que desapontava sua mãe, uma *fashionista* elegante e magra. "Eu nunca estava certa, nunca tinha a aparência certa, nada me servia", conta. Apesar de Lainey ter se mudado da casa da mãe havia muito tempo e ter estabelecido sua independência, continuava namorando homens que recriavam esse problema emocional – homens críticos e inconstantes. Estava na hora, e ela percebeu, de obter sua identidade real e autêntica. Começou também a usar medicamentos para tratar uma leve depressão.

Dois acontecimentos aceleraram a transformação de Lainey. Ela enfrentou a própria condição de ser humano mortal depois dos ataques terroristas de 11 de setembro de 2001, que mataram e feriram muitas pessoas que ela conhecia. E, apenas duas semanas depois, sua mãe sofreu um derrame que a deixou incapacitada.

Encontrar a alegria na vida passou a ser essencial para Lainey. Para satisfazer sua paixão por música, comprou um aparelho de som e reorganizou sua sala de estar para ter mais espaço para dançar. Começou a frequentar *shows* e desenterrou uma antiga paixão pela Allman Brothers Band. Foi no *site* da banda que Lainey conheceu John, outro fã.

"Ele era um homem de poucas palavras, mas o pouco que dizia era engraçado", Lainey conta. Em uma troca de mensagens, descobriu que John, um músico que tinha virado professor, vivia no sul e tinha uma filha adulta na costa leste. No passado, ela nunca havia tido coragem de tomar a iniciativa. Mas a crise de meia-idade, que a fez pensar é "agora ou nunca", a incentivou. Ao ver uma mensagem mais picante enviada por John, respondeu com a palavra "*sexy*" no campo "assunto".

"John, preciso lhe dizer: acho que você tem um intelecto muito *sexy*", escreveu. "Sei que você tenta namorar, mas não encontra a pessoa certa. Espero que um dia você conheça a mulher certa, que perceba a ótima pessoa que você é."

A resposta dele a deixou assustada. Dizia que estaria em Washington durante o feriado e perguntava se ela queria sair para beber alguma coisa.

Sentada na frente do computador, ela entrou em pânico. "Não! Não! Não!" foi seu primeiro impulso. E então a nova mulher, a que diz "Qual o problema?", entrou em cena. "Por que não?" Os *e-mails* entre os dois passaram a ser mais frequentes.

Ambos gostavam das lembranças de juventude que a banda lhes trazia; John era músico. "Se as coisas que a deixavam feliz quando era uma adolescente sonhadora continuam a fazê-la feliz e ainda existem, por que não? Por que não tentar?" Ambos concordavam com isso.

Quando John chegou a Washington para passar o feriado e telefonou para Lainey pela primeira vez, ela conta que quase quis se entregar ao telefone. Seu tom de voz grave, com um leve sotaque, "tinha um quê sulista que eu sempre considerei *sexy*". Naquela noite, eles se sentaram um ao lado do outro em um bar de *blues* e conversaram durante o jantar.

Eles brincavam dizendo que eram "virgens". Ambos não namoravam havia bastante tempo – John, seis anos, e Lainey, nove. "Foi como um primeiro amor", ela conta. Quando voltaram para o apartamento dela, John esperou Lainey tomar a iniciativa antes de fazerem amor – uma gentileza que ela achou muito interessante, principalmente depois de ter vivido uma juventude sempre à mercê dos homens. Uma voz distante em sua mente dizia: "Ele é o homem certo para mim" – consciência que vinha de "um ponto interno, inspirador".

Depois de duas noites juntos, concordaram que estavam loucos um pelo outro. "Parece que você é o namorado de colégio que nunca tive", Lainey disse a ele. Canções antigas de sua adolescência, como "Cherish" e "Never my Love" voltaram às lembranças. No passado, tais canções "me enchiam de desejo e desespero, tinha medo que aqueles desejos românticos nunca fossem realizados", Lainey conta. Mas agora "fico tomada de alegria quando as escuto. Parece um amor jovem, porém com uma mente madura".

Para Lainey, isso significa aproveitar o sexo e a amizade com o mesmo homem. Fazer amor para Lainey e John é um ritual sagrado. Eles acendem velas, colocam música para tocar e tomam banho juntos depois, aproveitando a presença um do outro. Sua preocupação na cama sumiu. Ela diz o que quer e o que não quer.

E seus abajures estão sendo usados o tempo todo, finalmente. Menos de dois anos depois que se conheceram, Lainey e John se casaram.

Dura realidade

Além de histórias alegres como a de Lainey, o lado sombrio da Amante pode ser atormentador. Uma mulher no papel da Amante pode estar tão desesperada para encontrar o que precisa que acredita ver tais qualidades nos parceiros – quando, na verdade, elas não existem. Tais projeções podem distorcer nossas percepções não apenas em relação aos namorados, mas também em relação a líderes ou figuras públicas que admiramos. Esse pensamento esperançoso pode ser um caminho para o crescimento pessoal, mas sempre vai pelo lado mais difícil. Engana as mulheres, fazendo com que elas se relacionem com homens que não podem dar o que elas precisam.

O exemplo de Molly, uma consultora da Califórnia, é bastante claro. Em seu caso, a longa doença e morte de seu parceiro, com quem viveu por vinte anos, puseram fim a um período de seca sexual, fazendo surgir uma crise de meia-idade. Aos 41 anos, iniciou um caso de amor transcontinental muito intenso com um ex-namorado dos tempos do colégio. Procurando extravasar a paixão reprimida, Molly escrevia poesias e sonhava com os dois fazendo amor. "Eu me sentia com 18 anos novamente", conta.

Mas, conforme o tempo foi se desfazendo em ilusão, Molly começou a perceber que seu namorado não era quem ela pensava que fosse: não podia contar com ele e ambos tinham ideias diferentes. Arrasada, terminou o relacionamento. Anos mais tarde, ela e o ex-namorado se encontraram como amigos e puderam conversar e chegar à conclusão de que ambos haviam projetado um no outro as qualidades que queriam ver, e não as que existiam.

Os familiares e os amigos costumam ficar surpresos com os estranhos romances que aparecem na vida das mulheres. Muitas, em meu estudo, tiveram casos com homens que pareciam irresistíveis, mas que, mais tarde, se revelaram completos idiotas. Ao despertar ao lado de um estranho, analisando-o sob a fria luz da verdade, elas se perguntam o que aconteceu com o homem de seus sonhos.

Relacionamentos ruins são um ponto marcante na crise de meia-idade. Há muitos exemplos em meu estudo. Uma programadora de computadores se envolve com um alcoólatra desempregado; uma diretora de empresa vai para a cama com um guia turístico; uma gerente se apaixona cegamente por seu professor de piano. O prognóstico para tais combinações não é nada bom. É claro que nada no amor é impossível. Mas, em minhas pesquisas, nenhum desses casais improváveis conseguiu alcançar o amor duradouro.

As Amantes também adotam um comportamento compulsivo. O desejo que uma mulher sente de ser sexualmente atraente pode causar problemas, levando-a a um distúrbio alimentar ou à compulsão por exercícios físicos. Eu me lembro desse período sempre que vou à academia. Nós, mulheres entre 40 e 50 anos, dançamos um *pas de deux* obcecado com a forma física, assim como nossas colegas adolescentes e moças na faixa dos 20. Usamos as mesmas roupas justas de ginástica, os mesmos reflexos loiros nos cabelos. Passamos educadamente pelos mesmos corredores de aparelhos de exercícios aeróbicos. Nossos músculos moldam as mesmas pernas compridas e torneadas. As que estão na meia-idade apresentam algumas rugas a mais, uma pele mais seca, um pouco mais de desgaste. Mas marchamos na mesma batida, com o mesmo mantra do perfeccionismo, assim como fazem nossas filhas.

Nossas obsessões costumam ficar mais óbvias quando as vemos refletidas em outras pessoas. Em um episódio da série de TV *Sex and the City*, as sempre belamente vestidas Carrie e suas amigas, todas na faixa dos 30 anos, confrontam um grupo de adolescentes ricas, igualmente bem-vestidas: "Elas estão tentando se parecer conosco?", Carrie pergunta em voz alta. "Ou nós é que estamos tentando nos parecer com elas?"

No calor da crise de meia-idade, como mostra a história de Naomi, a preocupação com a aparência pode facilmente ultrapassar o limite e acabar em um distúrbio alimentar ou em uma compulsão por exercícios.

A cara da decepção amorosa

"Quer saber como é uma decepção amorosa? Isso é uma decepção amorosa!", Naomi grita em uma entrevista, imitando Diane Keaton no filme *Alguém tem que ceder*, em que vive um romance com Jack Nicholson – filme que pode ser considerado uma ode ao amor na meia-idade.

Mas, diferentemente do personagem de Keaton, Naomi não está apaixonada por um homem de 63 anos. Essa mulher de 40 anos, mãe de dois filhos, conhecida por seus amigos como supermãe, apaixonou-se perdidamente por seu *personal trainer* – alto, moreno, forte e catorze anos mais jovem. Seus lamentos marcam o fim de um romance que durou um ano, considerado por Naomi o maior amor de sua vida – um amor que causou uma crise de meia-idade clássica, do tipo Explosão Sônica.

Mulheres de meia-idade apaixonadas pelo *personal trainer* têm se tornado um clichê cultural. Mas a experiência de Naomi foi tudo, menos banal. Para ela – uma psicóloga que havia deixado a carreira de lado para criar seus dois filhos –, Ty representava liberdade, ousadia, aventura e sociabilidade. Ele a distraiu de um casamento tedioso e da rotina de criar os filhos. Apesar de seu amor pelas crianças, esse romance a forçou a adotar um estilo de vida que nunca quis. O caso amoroso também fez com que Naomi crescesse, desviando sua vida do caminho antigo a tal ponto que ela começou a perguntar e a responder algumas das questões mais difíceis sobre si mesma.

Alguns acontecimentos marcantes na sua infância causaram conflitos na meia-idade. Quando criança, Naomi adorava a espontaneidade. Na adolescência, sonhava em ser dançarina – "Eu pensava que iria para Nova York, que teria muitos casos e que nunca me casaria".

Ela adorava seu pai, um homem alegre e charmoso, mas irresponsável, que a fascinava e a desapontava ao mesmo tempo. "Meu pai era um homem que dizia: 'Este mundo é lindo e enorme. Saia, conquiste o mundo e seja livre'", conta. Essa atitude o ajudava a fazer amigos em todos os lugares.

Em contrapartida, as divagações de seu pai faziam com que ele ficasse ausente para a família na maior parte do tempo, e Naomi cresceu desejando se sentir segura, sem sucesso. Seus pais eram divorciados e nenhum dos dois queria criar Naomi e seu irmão. As crianças passavam de casa em casa, moravam com parentes e amigos. Para aprender sobre o amor, Naomi assistia à televisão e a filmes, alimentando-se com as paixões falsas dos atores de Hollywood e o melodrama das novelas.

Quando ela se tornou adulta e tomou a decisão de se casar, optou pela segurança. Encontrou no marido, dez anos mais velho, o que não teve na infância: um parceiro gentil, responsável e carinhoso. "Ele é um homem maravilhoso, mas não é o amor da minha vida. Eu me casei com ele pela segurança", conta. "Você precisa de um *yin* e de um *yang*. Eu era a pessoa que fazia amizades, e ele era a fortaleza. Ele era estável, trabalhava muito e gostava de estar com a família. Qualquer pessoa se casaria com um homem assim."

Mas o marido de Naomi também costumava controlar a vida dos dois, e ela abriu mão de muitas coisas nos anos seguintes. Ele queria dois filhos; ela, não. A vontade dele prevaleceu, e Naomi abandonou o mercado de trabalho por dez anos, deixando seu emprego para ficar em casa com os dois filhos em um bairro de classe média-alta. Deixando seus sonhos de lado, lutou para ser uma mãe melhor para seus filhos – diferente daquela que teve – e superou as expectativas de todos. Amamentou cada filho durante um ano, não contou com a ajuda de babás e fazia as refeições da família. Seus parentes brincavam dizendo que ela havia deixado de ser a Naomi sonhadora para se tornar a Naomi mãe--terra.

"Quis provar que os filhos eram importantes, que eles podem ser prioridade na vida dos pais. Nunca poderia imaginar que teria um caso extraconjugal", ela conta.

Mas, infelizmente, ela ignorou a si mesma e suas necessidades. Em algum ponto do caminho, de modo tão gradual que ela nem percebeu, Naomi deixou de fazer todas as coisas de que gostava – seu terapeuta lhe diria depois que ela deixou de viver a vida. A última vez que se lembrava de ter sentido vitalidade e empolgação tinha sido em uma viagem como mochileira pela Europa, no início do casamento, enquanto seu marido trabalhava no continente. Inconscientemente, seu sacrifício tomou proporções enormes.

Naomi prestou atenção em Ty pela primeira vez durante suas aulas na academia; alto, bonito e charmoso, era difícil não notá--lo. Pequena, morena e com muita energia, Naomi parecia muito mais jovem que seus 40 anos. Quando Ty começou a se aproximar durante as aulas, procurando conversar, ela ficou surpresa. "Aquele homem queria saber o que eu precisava e o que queria. Voltei para casa e fiz uma lista. Foi quase como se ele tivesse entrado em minha mente", relata. "Ty representava a paixão, a excitação, o romance. Nunca me senti assim antes." Ela também ficou secretamente feliz por saber que, aos 40 anos, ainda era capaz de atrair um homem de 20.

Eles começaram a fazer caminhadas juntos e passaram a se encontrar nos fins de semana. Ela assava pães para ele. Ty afirmava estar "loucamente apaixonado" por ela.

Naomi dizia a Ty: "Meu amor por você é tão forte que ninguém nunca vai se sentir dessa maneira em relação a você".

Durante meses, eles continuaram se encontrando, quando o marido e as crianças estavam longe. Conversavam sensualmente sobre licor de chocolate, chantili, banheira e sexo. Mas a paquera só ficava na conversa. Eles nunca tinham feito amor, limitando-se a beijos e a carinhos, o que Naomi chama de "caso emocional". Mas a química entre eles foi transformadora para ela. Trocou seu guarda-roupa de mãe por calças *jeans* justas, joias, sandálias sensuais e *tops* justos que pareciam uma segunda pele; podia facilmente se passar por uma mulher de 30 anos em qualquer bar moderninho de Nova York. "Todas as roupas da época pré-Ty sumiram", conta.

O relacionamento também trouxe traumas do passado. Assim como o pai de Naomi, Ty fazia amigos por onde passava. Conhecia os melhores bares e cumprimentava os garçons pelo nome. Era Peter Pan, preso em uma eterna juventude, vivendo com sua mãe, aceitando trabalhos ocasionais e sempre fugindo de compromissos. Naomi via tudo isso de outra maneira: "O estilo de vida dele representava liberdade", diz.

O relacionamento entre eles nem sempre foi tão alegre. Ty, às vezes, a agredia verbalmente. Certa vez, quando ela pediu que ele baixasse o volume da música que escutava, ele respondeu: "O que houve? Está ficando velha?" Ele a envolvia e depois a ignorava por vários dias. "Parecia que ele precisava de mim por perto, mas, quando se aproximava demais, ficava assustado", relata. Com sua vida saindo do controle, o lado destrutivo da Amante surgiu. Naomi passou a se preocupar demais com o que comia e perdeu peso rapidamente. Com cinco quilos abaixo de seu peso saudável, ela começou a parecer doente.

Por fim, Ty lhe disse que estava saindo com outras mulheres. "Nosso relacionamento é difícil demais para mim", ele disse. Naomi sentiu como se alguém tivesse lhe dado um soco no estômago. "Eu mereço isso!", disse a ele, com raiva. "Não é assim que funcionam os relacionamentos?"

A perda fez com que ela sofresse uma queda livre. "A melhor coisa da minha vida, além de meus filhos, foi embora e não vai voltar", disse a si mesma. Arrasada, caiu no choro enquanto trabalhava como voluntária na escola dos filhos. Os amigos insistiram para que ela procurasse ajuda.

Para Naomi, o relacionamento foi um trampolim para que ela começasse a cuidar de si mesma. Hoje ela percebe que um dos motivos pelos quais ficou atraída por Ty foi que tinha deixado de viver havia muito tempo. "Parei de fazer tudo o que gostava." Lentamente, um novo caminho começou a surgir para ela. "Você não cuida de si mesma há seis anos", seu terapeuta lhe disse. "Parece que perdeu a noção de quem é. Precisa encontrar mais paixão nas coisas certas para você." Com a ajuda do terapeuta, Naomi se afastou de Ty, diminuiu suas horas de ginástica e voltou a comer.

Depois, o terapeuta começou do início: "Vamos entender por que você está tão triste". Incentivou Naomi a pensar no motivo pelo qual se mostrara tão vulnerável ao charme de Ty. O terapeuta a ajudou a retomar uma antiga paixão pela pintura. Naomi ficou satisfeita ao participar de algumas exposições regionais, onde seu trabalho foi bem recebido. Seu terapeuta também a incentivou a voltar a trabalhar meio período, em uma organização sem fins lucrativos da comunidade, onde pôde aumentar suas amizades e onde gostava de trabalhar com crianças. Ambas as práticas estão ajudando Naomi a sentir o gosto pela vida novamente – a própria vida.

Seu casamento é outra história. O marido de Naomi soube de seu envolvimento com Ty e ficou bravo. Mas tanto ele quanto Naomi queriam oferecer um lar seguro aos filhos. E ela não está pronta para ir embora. "Se for terminar meu casamento, farei isso por mim, e não devido a um caso amoroso." Antes de tomar qualquer decisão, ela sabe que precisa compreender por que sua vida tomou um rumo tão drástico e doloroso.

A história de Naomi ilustra um aspecto do lado ruim da Amante. O fato de muitos casos vividos por mulheres nessa fase irem tão a fundo em necessidades não satisfeitas e o fato de serem tão eletrizantes podem cegar as mulheres em relação ao propósito real desses romances – tirá-las de um estilo de vida que elas não querem mais, porém estão com muito medo ou confusas demais para mudar.

Os erros de Naomi são claros. "Gostaria de ter tido coragem aos 32 anos para olhar para a minha vida e dizer: 'Em primeiro lugar, você não está feliz, saia desse casamento; em segundo, faça o que quiser'", ela diz. "Por que não me tornei dançarina na Broadway quando tinha 22 anos? As mulheres deveriam sair e se divertir. E ter o cuidado de tomar as próprias decisões."

Olhando para trás, ela consegue enxergar a falta de tato de Ty, incluindo o hábito que ele tinha de paquerar diversas mulheres. Mas ela mantém a crença de que, com ela, Ty ultrapassou um limite e entrou em um amor profundo demais para um Peter Pan aguentar. Sua crença lhe rendeu algumas dúvidas básicas sobre relacionamentos.

"Vejo minhas amigas que têm ótimos parceiros. Começo a perguntar a elas: 'Esse é o amor de sua vida? O que isso significa para você?'", ela conta. Uma amiga respondeu: "Naomi, você não precisa de paixão em sua vida. Você tem alguém que pode cuidar de você", ou seja, o marido dela.

"Você já sentiu paixão?", Naomi perguntou a ela. "Não, é assustador demais", respondeu a amiga.

Naquele momento, abriu-se um abismo entre elas. "Nunca trocaria o relacionamento que tive por nada no mundo", disse Naomi à amiga. "Foi a melhor coisa que senti."

Um casulo de prazer

Até mesmo os casos mais prazerosos e felizes podem trazer consequências que uma pessoa não está pronta para enfrentar. A crise de Emma começou quando ela já tinha quase 50 anos, depois da morte de sua mãe. Na infância, Emma foi criada pelos avós. Apesar de ver a mãe de vez em quando, ela nunca se recuperou do sentimento de abandono. Algumas necessidades que não foram satisfeitas vieram à tona. "Não fiz à minha mãe perguntas que deveria ter feito, e agora é tarde demais", diz.

Emma se esforçou para superar essa perda, casando-se aos 20 anos com um homem sério e confiável e construindo uma vida estável. Não tomou essa decisão porque realmente queria, mas pela necessidade de segurança. Viver com seu marido, segundo ela, era como viver com seu irmão. Fez carreira na área de vendas farmacêuticas na Califórnia – passava a imagem de uma mulher de negócios forte e independente. Ocupou-se criando os três filhos e liderando o conselho de pais e mestres. Por fora, ela era um exemplo de mulher moderna bem-sucedida. Mas, por dentro, "eu me sentia como uma criança com o nariz pressionado contra a janela, observando todos serem felizes", conta.

O surgimento da Amante na meia-idade a forçou a diminuir essa distância com as outras pessoas. Durante anos, ela sonhou que fazia amor de modo prazeroso com uma alma gêmea, evocando uma paixão que nunca sentira em seu casamento. "Meu amante em meu sonho nunca tinha um rosto", diz. Mesmo assim, a fantasia "era tão grande que, às vezes, eu não queria acordar".

Nessa fase, o sonho passou a ter grande importância em sua vida. A morte da mãe e a ida dos filhos para a faculdade fizeram com que Emma chegasse ao limite. Ela foi tomada por uma grande sensação de vazio. "Olhei para mim pela primeira vez em 25 anos e percebi que não havia muito tempo sobrando. Fui tomada pelo desejo profundo de não morrer insatisfeita." Ela não conseguia mais assistir às histórias de amor na televisão, porque sentia um grande desejo. "Precisava amar e sentir como era ser amada. Pensava nisso o tempo todo." Seu sucesso nos negócios lhe dava a confiança para esperar algo a mais.

Até que, em um encontro casual, surgiu o homem de sua vida. Em um local público, ela encontrou Dan, um amigo casado e homem de negócios em sua cidade. "Ele me abraçou e ficamos ali de mãos dadas. Percebi que ele era aquela pessoa, aquele rosto em meus sonhos", Emma conta. Ela não via Dan havia algumas semanas. "Por onde esteve?", quis saber. "Quer almoçar comigo amanhã para falarmos sobre isso?", ele perguntou.

Durante o almoço, Dan disse que a estava evitando porque sentia que estava se apaixonando por ela. Foi assim que se iniciou um caso secreto que duraria seis anos. Dan se mostrou um amante quente, gentil e expressivo, tão seguro em sua masculinidade e tão atento a seus sentimentos que a intimidade foi algo fácil de ser alcançada. Ele adorava sair para dançar, ouvir música, viajar. Adorava as pinturas a óleo de Emma, as paisagens e os cenários naturais que ela havia começado a fazer depois que seus filhos saíram de casa. E, acima de tudo, amava Emma.

Eles planejavam fugas secretas em viagens de negócios. Tomavam banhos de banheira à luz de velas, faziam massagens com óleo um no outro e faziam amor de maneira demorada e apaixonada. Aos 50 anos, Emma conheceu a intimidade. "Estava em um casulo de alegria total, emocional e sexualmente. Eu me diverti muito. Foi o período mais feliz de minha vida." Ela saiu de casa e, a pedido de Dan, pediu o divórcio.

Foi nesse momento que a crise de meia-idade de Emma entrou na trajetória do Fogo de Palha. Antigos medos ressurgiram, e logo ela começou a sentir que havia cometido um erro. Temeu perder "a única família que tivera". Além disso, temia o fato de se tornar a madrasta dos filhos de Dan – um papel que não queria. Entrou em pânico, abandonou o amante e tentou voltar para casa.

Emma queria tentar aplicar ao casamento o que havia aprendido com Dan. "Eu aprendi a amar. Mudei drasticamente. Estava disposta e desejava desesperadamente dar amor ao meu marido. Senti uma grande parcela de culpa pela falta de intimidade e amor em nossa união. Depois que encontrei e senti o amor, achei que pudesse dá-lo. E pensei que, se eu o desse, também o receberia em troca."

Mas infelizmente era tarde demais. Emma voltou para uma casa que não existia mais. O dano não podia ser reparado. Seu marido não a perdoou por tê-lo deixado. Ele também havia iniciado um relacionamento secreto durante sua ausência. Apesar de ter terminado o caso, o casamento nunca mais se recuperou. Seu marido se recusou a procurar ajuda, e ambos nunca alcançaram a intimidade que ela desejava.

Olhando para trás, Emma às vezes se arrepende de não ter se casado com Dan, que acabou se casando com outra pessoa. Mas se afastar de seu marido fez com que ela se sentisse uma criança abandonada. "Simplesmente não consegui deixar de voltar." Emma decidiu continuar com seu casamento; problemas familiares urgentes a mantinham ocupada.

Arrependimentos à parte, Emma diz que ter passado por essa crise de meia-idade foi melhor que não ter tido. "Apesar de minha vida não ter mudado como esperava, estou satisfeita em viver com as decisões que tomei. Certamente, não vou morrer insatisfeita, como temia. Agora tenho muitas histórias interessantes para contar para minhas amigas nas noites em que passamos juntas ao redor da lareira."

Problemas adiante

Se eu pudesse, instalaria uma luz amarela piscante com a palavra CUIDADO, a fim de alertar as leitoras deste capítulo. A Amante pode agir como um ótimo modelo, motivando um grande crescimento pessoal. Ela pode ser um aviso para os casais que precisam de renovação. Mas também pode martelar o último prego no caixão de um casamento repressivo ou agressivo, dando à mulher a energia necessária para fugir.

Entretanto, casamentos recuperáveis que provavelmente deveriam ser salvos são frequentemente jogados nas rochas da crise da meia-idade. O casamento nessa fase da vida, ou em qualquer momento, não deve ser deixado de lado se houver qualquer chance de crescimento e de mudança para satisfazer as necessidades de uma mulher. O casamento tem relação com muitas medidas de bem-estar psicológico, como menos estresse, mais autoestima e um senso de propósito mais profundo. Muitas das mulheres em meu estudo tiveram facilidade durante a crise de meia-idade para esquecer tudo isso. Geralmente, aquelas que não conseguem encontrar o equilíbrio certo – ter o controle de uma nova relação, como Odisseu fez com Circe, em vez de se entregar sem pensar, impulsivamente – causam danos irreparáveis em seu casamento, danos dos quais se arrependem depois.

Compreender duas características da Amante pode evitar esse erro. Em primeiro lugar, esse arquétipo é tão forte que acaba sendo fácil exagerar na reação. Assim como uma adolescente apaixonada, uma mulher na crise de meia-idade pode ficar tão arrebatada pela alegria e pela paixão que não hesita em se entregar a um novo parceiro – e logo descobre que repetiu o mesmo erro que cometeu ao escolher o marido. O novo namorado é apenas o mesmo problema de sempre em uma embalagem diferente. Essas mulheres não conseguiram realizar o trabalho necessário de crescer antes de entrar em um novo compromisso.

Em segundo lugar, a Amante pode ser enganadoramente sedutora. Pode fazer com que a mulher use o marido como bode expiatório para os problemas que ela mesma criou. A cultura ocidental dá tanta importância ao amor romântico que é fácil acreditarmos que um novo amor resolverá todos os problemas. Muitas mulheres culpam o casamento pelos problemas da meia-idade, em vez de enfrentar os verdadeiros problemas da estagnação: a falta de viver novas experiências, cultivar seus talentos e fazer a busca necessária para encontrar sentido na vida.

"Algumas mulheres reclamam do marido, quando, na verdade, foram elas que fracassaram no crescimento", é o que diz a psiquiatra de Washington, D.C., Lise Van Susteren. "Ficam sem nada para fazer e pensam que a culpa é do marido. O pobre coitado chega e nem imagina que está em apuros."

"Uma mulher assim pode pensar em buscar um outro amor", Van Susteren prossegue. "Tenho vontade de perguntar: 'O que exatamente você quer oferecer a um novo namorado, além de ficar sentada o dia todo lendo o jornal?'"

A longo prazo, outros arquétipos podem ter respostas melhores para as mulheres inquietas na meia-idade.

Notas

[1] William A. Sadler, *The Third Age: Six Principles for Growth and Renewal After 40*. Cambridge: Perseus Publishing, 2000, p. 147.

[2] Alice Rossi, "The Menopausal Transition and Aging Processes", in Orville G. Brim et al. (orgs.), *How Healthy Are We? A National Study of Well-Being at Midlife*. Chicago: University of Chicago Press, 2004, pp. 189-90.

[3] Constance Swank, Linda Fisher e Robert Prisuta, "AARP/Modern Maturity Sexuality Study", Associação Americana de Aposentados e NFO Research, Inc., Washington, D.C., 3 de agosto de 1999, pp. 24-27.

[4] Thomasina H. Sharpe, "Adult Sexualty", *Family Journal: Counseling and Therapy for Couples and Families II*, outubro de 2003, p. 423.

[5] Idem, op. cit., pp. 420-26.

5
A Líder

Mulheres comportadas raramente entram para a história.
– Laurel Thatcher Ulrich, historiadora

A vida que Leanne construiu para si aos 38 anos de idade parecia um edifício sem sustentação. Essa mãe do Colorado tinha chegado ao fundo do poço depois de um divórcio. O ex-marido havia se mudado para o outro lado do continente com os filhos, seu pai havia falecido e sua ansiedade a fizera engordar.

Antigamente, Leanne era uma ótima estudante de direito, mas agora trabalhava como temporária, preenchendo fichas e atendendo pessoas. "Eu estava completamente perdida. Estava tentando fazer tudo sozinha e fracassei. Sentia que estava tudo perdido", conta.

Considerada por Leanne uma transição "das cinzas para a fênix", a crise de meia-idade causou uma profunda mudança em sua vida, a ponto de se tornar dona e diretora executiva de um negócio multimilionário, que sempre entra para as listas de melhores empresas de sua região.

Você não vai encontrar as regras de gerenciamento de Leanne em nenhum estudo de caso da Escola de Administração de Harvard. Utilizando táticas de liderança que aprendeu na turbulência da meia-idade, Leanne dominou o mundo externo se concentrando dentro de si – aprendendo a ir mais devagar, ouvindo sua intuição, divertindo-se e aproveitando as oportunidades inesperadas com confiança.

É um paradoxo que surge sem parar na vida das mulheres guiadas pela Líder, talvez o arquétipo mais drástico: cuidar das necessidades internas para transformar o mundo externo.

Das laterais ao palco central

A Líder passa muito tempo desempenhando papéis dados por outras pessoas, até que, na meia-idade, surge com opinião própria. Esse arquétipo tem relação com o fato de deixar sua marca distinta e inovadora no mundo, nos negócios, na política, na caridade ou na comunidade. Em meu estudo, algumas mulheres no papel de Líder abriram negócios ou passaram a participar de organizações sem fins lucrativos. Outras encontraram novas trilhas no gerenciamento de empresas ou em cargos públicos.

O poder da Líder vem do instinto humano de tomar a iniciativa. Segundo Erik Erikson, tomar a iniciativa envolve preparar uma resposta positiva aos desafios do mundo, aprendendo novas habilidades e se sentindo útil. Erikson explicou que dominar essa habilidade, assim como as outras sete tarefas psicossociais que mencionou, é essencial para o ótimo desenvolvimento da personalidade. Perceber as próprias visões e ideias, seja na carreira, nos negócios, em uma campanha política ou em uma instituição sem fins lucrativos, é uma maneira de tomar a iniciativa e também pode ser a base para o envelhecimento sadio.[1]

Perceber que não é tarde demais, na meia-idade, para assumir um papel tão direcionado pode ser muito revigorante. Esse modelo surgiu em diversos estudos de longo prazo. As mulheres demonstram mais autoconfiança, identidade pessoal, responsabilidade e habilidade na hora de correr riscos entre o início da fase adulta e metade da faixa dos 50 anos.[2] Em comparação com os homens, as mulheres profissionais, na meia-idade, demonstram os mesmos aumentos na capacidade de liderar e de analisar; elas também se tornam mais sérias e menos preocupadas com o que os outros pensam a respeito delas.[3]

Os negócios de mulheres, que surgem como uma força econômica poderosa, são dominados por elas nesse estágio da vida. Um grande número dessas empresas é liderado por mulheres entre 35 e 54 anos, como mostram os dados do Departamento de Censo – 49%, em comparação com os 34% da população feminina total que está nessa faixa etária.

A média de idade das mulheres que participam da Organização de Presidentes Mulheres, instituição de Nova York com cinquenta filiais pelo país, é de aproximadamente 55 anos. Muitas dessas mulheres, que comandam negócios com receita mínima de um milhão a dois milhões de dólares por ano, abriram suas empresas entre o fim dos 30 e o início dos 40 anos, porque não estavam mais dispostas a se comprometer o suficiente para trabalhar para outra pessoa. Elas querem "controlar mais o seu tempo, ter mais recompensas e mais influência", afirma Marsha Firestone, fundadora e presidente da Organização de Presidentes Mulheres.

Heide, especialista em *marketing* de Boston que participou de meu estudo, teve uma grande ascensão na empresa de alta tecnologia onde trabalhou durante uma década. Mas uma série de reestruturações e de mudanças de gerenciamento que passaram a caracterizar a vida das empresas fez com que ela ficasse tão estressada e decepcionada que quase teve problemas permanentes com uma dor crônica no pescoço. Incapaz de mexer a cabeça, procurou diversos médicos e quiropráticos. Ninguém conseguiu curá-la.

Por fim, aos 50 anos, foi em busca de seu próprio negócio. Algumas semanas depois, a dor sumiu. Atualmente, sua empresa tem dez funcionários e se transformou em um negócio de família no qual trabalha sua filha adulta.

As empresas que prestam assessoria veem grande parte das mulheres entre 40 e 50 anos deixarem as organizações em que trabalham. Hedy Ratner, copresidente do Centro de Desenvolvimento de Negócios de Mulheres, em Chicago, aconselha muitas mulheres de meia-idade, descrevendo-as como educadas, espertas, experientes e criativas. Segundo Ratner, elas desenvolvem todas essas qualidades para escapar de ambientes de opressão no trabalho e para alçar novos voos.[4]

Myra Hart – da Escola de Administração de Harvard, cofundadora da rede de empresas de materiais de escritório Staples e autoridade em empreendimentos liderados por mulheres – afirma que elas querem assumir o controle na meia-idade. Já viram alguns aspectos dos negócios ou da vida que precisam ser consertados e vão longe para desenvolver situações em que não apenas possam criar, mas também controlar a implementação de soluções, produtos, processos e da cultura.[5]

E elas estão mudando a cara da economia. As empresas cujas líderes são mulheres empregam 19,1 milhões de pessoas, produzem 2,5 trilhões de dólares em vendas e criam duas vezes mais postos de trabalho que o índice comum para os negócios americanos, segundo afirma o Centro de Pesquisa de Negócios de Mulheres, grupo de advocacia de Washington, D.C.

Geraldine Laybourne, talentosa executiva da TV a cabo que tornou a rede Nickelodeon líder entre os canais infantis, menciona que ser líder na meia-idade a motivou a deixar um emprego importante no canal de TV a cabo Disney/ABC em troca de, aos 51 anos, iniciar a Oxygen Media, uma rede inovadora e a primeira completamente liderada por mulheres. Seus filhos já estavam grandes e, pela primeira vez, ela se sentiu livre para assumir riscos financeiros.

Depois de correr riscos por seus empregadores durante anos, precisava correr riscos por si mesma. "Este é o estágio final do crescimento. Não há ninguém para culpar pelo resultado, a não ser eu mesma. Tudo termina aqui."

Esse arquétipo ajudará a moldar o ambiente de trabalho dos próximos vinte anos. As mulheres entre 45 e 54 anos compõem agora 10,9% da força de trabalho – em 1990, representavam 7,5%. Entre os 36% dessas profissionais que podem ter uma crise na meia-idade, grande parte pode ser motivada pelo desejo de exercer a liderança. Essa tendência certamente aumentará a consciência dos executivos a respeito da idade e do sexo e mudará as políticas e as práticas das empresas.

Liderança latente

A primeira carreira de Leanne foi uma história de falsos começos. Filha de um homem que consertava telhados, teve de trabalhar em vários empregos para se formar na faculdade, nos quais precisou de habilidades que vão desde gerente de loja a professora. Ela planejava trabalhar em editoras depois que se formasse, mas o plano foi por água abaixo quando conheceu o homem que se tornaria seu marido.

Insegura em relação a seus objetivos, Leanne pensou em entrar na faculdade de direito depois que se casou, mas duvidava que tivesse inteligência suficiente para ser admitida. Mesmo assim, tentou e se surpreendeu com sua pontuação, conseguindo entrar em um curso de prestígio e sendo contratada por um escritório no primeiro ano. Porém, viu que não gostava do trabalho e o abandonou. Também iniciou um MBA, que não terminou.

O padrão de falsos começos foi reforçado pelo emprego de seu marido na área de vendas, que obrigou a família a mudar de cidade quatro vezes em dezesseis anos. Leanne, uma mulher pequena com cabelos castanhos até os ombros, olhos grandes e um rosto jovial, deu início a um negócio de consultoria e realizava seminários sobre autodesenvolvimento. Mas todas as mudanças, além das tentativas de ser uma supermãe, a impediram de ter uma carreira.

A crise de meia-idade de Leanne explodiu na forma clássica de Explosão Sônica quando ela se aproximava dos 40 anos. Estava cansada de tentar por tantos anos alcançar intimidade emocional com seu marido, que se mantinha distante, apesar dos esforços de resolver os problemas com a ajuda de um psicólogo. Na primeira de uma série de explosões amargas, o casamento de Leanne acabou. Alguns meses depois, seu pai faleceu.

Então, seus dois filhos adolescentes se rebelaram. Leanne pediu ajuda ao ex-marido, que rapidamente se casou de novo. Os garotos foram morar com ele e logo se mudaram para o outro lado do país. Arrasada por ter perdido seus filhos e enfrentando graves problemas financeiros, pelos quais estava correndo o risco de perder sua casa, Leanne chegou ao ponto de ruptura. "Sentia que tudo estava perdido", conta.

Em seu desespero, ela testou os princípios que ensinava em seus seminários de autodesenvolvimento e tomou uma decisão. Abandonaria as coisas que havia perdido e pararia de se concentrar em sua carência.

"Foi um ponto de virada quando eu decidi abandonar a tristeza – a falta, o medo, a escassez, as contas que devia, os filhos que não tinha mais ao meu lado. Comecei a pensar que, se fosse parar no olho da rua, não ficaria tão mal quanto estava vivendo naquela tormenta emocional." Tomou uma decisão consciente de começar a se concentrar no que tinha, e não no que não tinha.

Mudou-se para uma casa alugada e começou a trabalhar como temporária em empregos sem importância. Seu primeiro salário foi de 104 dólares, mas tinha de pagar mil dólares de aluguel. "Vi meu salário e me obriguei a sentir gratidão pelo que eu tinha e a parar de olhar para as coisas que eu não tinha. Parece simples, e é. Mas isso começou a mudar o meu mundo."

Coisas boas começaram a acontecer a ela. Um emprego temporário na área de *marketing* em uma grande empresa de financiamento lhe rendeu uma oferta de trabalho e uma série de promoções e aumentos. Seu chefe pediu demissão para abrir seu próprio negócio e a convidou para ser executiva sênior. Conforme suas responsabilidades cresciam, ela procurava se divertir, em vez de "ficar preocupada com as coisas da empresa, ficar preocupada com a energia frenética de meu chefe, ficar preocupada com os prazos. Eu constantemente fazia a seguinte pergunta: é esse estresse que você quer sentir? A resposta era sempre não. Quero me sentir motivada. Quero me sentir criativa. Quero me sentir grata por tudo o que está indo bem".

Logo depois, surgiu a chance de comandar, com um sócio, uma empresa de *marketing*. Leanne aproveitou a oportunidade e logo comprou a parte dele, fazendo a empresa ter três milhões de dólares de faturamento, com 35 empregados. Sob a liderança de Leanne, a empresa foi vista como "um dos melhores lugares para trabalhar" em Colorado, relacionada entre as principais empresas privadas e considerada uma das cem melhores empresas comandadas por uma mulher de seu estado.

Leanne comanda seu negócio com princípios de direção que ela aprendeu em seus momentos mais difíceis. Os objetivos a deixam ansiosa, por isso se recusa a estabelecê-los. Acredita que o trabalho deve ser divertido. "Somos muito produtivos, mas a diversão é prioridade de nossa lista", conta. Oferece almoços a seus funcionários e, com frequência, contrata massagistas para ir à empresa. "Procuramos nos voltar para as pessoas, e não para o negócio." E acrescenta: "Isso cria uma sinergia de um grande ambiente, onde as pessoas são valorizadas e fazem o que gostam. E funciona".

Leanne atribui seu sucesso a um estilo de liderança especialmente feminino. Rejeita o "papel masculino de força de vontade, que envolve agir com agressividade no que for preciso para fazer sua vontade prevalecer". Ela também deixou para trás o pensamento de que as mulheres devem ser mártires. Encontrou uma filosofia de liderança que funciona para ela: "É preciso ter força de vontade e amor ao mesmo tempo, e manter-se presente no momento".

Outros âmbitos de sua vida estão melhores também. Um de seus filhos voltou para Colorado para trabalhar com ela. "É uma grande alegria poder vê-lo todos os dias", conta. Passou a ter relacionamentos cada vez melhores com homens, e cada um deles trouxe o tipo de intimidade que ela queria, mas que não tinha em seu casamento.

E Leanne cada vez mais se sente satisfeita com uma vida espiritual renovada. Substituiu o agnosticismo do início de sua vida adulta pela crença em uma força superior. "Aprendi que, se você aprende a viver de maneira completa, autêntica e alegre, levará essa mesma luz às outras pessoas. Você só precisa perguntar e estar disposta a ouvir. Assim, uma grande abundância virá."

Preparando o futuro

Muitas Líderes servem à comunidade entrando para a política. Algumas imaginam que concorrer a um cargo público é uma maneira de construir um mundo melhor para seus filhos, de conseguir o crescimento que os psicólogos descrevem como relacionado ao desenvolvimento na meia-idade. Refletindo esse desejo, a idade média das mulheres em cargos públicos é acima de 40 anos.

Quando dois dos três filhos de Judy Goodman foram para a faculdade, ficou um vazio que ela não soube preencher no começo. Goodman, que não participou de meu estudo, tinha uma carreira como jornalista e consultora de relações públicas, além de muita experiência como voluntária comunitária. Mas, na meia-idade, ela queria mais.

Aceitou um convite que havia rejeitado no passado: candidatar-se à vereadora de uma pequena cidade do Missouri. Ela ganhou a eleição e descobriu que ama seu novo papel. Cuidar de assuntos relacionados à segurança e ao desenvolvimento econômico tem sido surpreendentemente gratificante. Ela percebe que essas decisões moldam a qualidade de vida de seus amigos, de seus vizinhos e de sua região.

Aos 54 anos, "sinto-me como se tivesse renascido com uma visão mais ampla", diz. "Sinto que passei para o próximo passo, além de mim e dos meus filhos, depois que passei a cuidar de toda a comunidade." Ela gosta de responder perguntas como: "O que valorizamos como comunidade? O que fará com que a nossa qualidade de vida seja boa para nós, para nossos filhos e para as próximas gerações?" Segundo ela, esse novo papel é tão bom que faz planos enquanto dorme.

Responder a chamados mais exigentes na vida não é fácil. Isso forçou Goodman a crescer. Durante sua campanha contra um candidato respeitado e bem conhecido, ela costumava conversar com seus aliados sobre suas ansiedades e seus medos, usando as pessoas ao redor como uma tábua de salvação. No que ela considera um "enorme" passo em direção ao crescimento, ela superou isso. "Percebi que, para ser líder, você precisa liderar. Precisa inspirar as pessoas a compartilharem a confiança que você tem em suas habilidades." Ela engoliu o medo e começou a se concentrar em sua visão e em seus objetivos.

Enfrentar o medo é um dos pontos principais da transformação da Líder. Como a história de Cindy nos mostra, livrar-se do medo paralisante é um processo que pode levar anos.

Além do voluntariado

A crise de meia-idade para Cindy surgiu aos 40 anos. Ela havia abandonado a faculdade para se casar com o namorado dos tempos do colégio, e depois trabalhou para ajudá-lo a se formar. Foi criada acreditando ser incapaz de lidar com dinheiro e tomar decisões financeiras, por isso Cindy confiava no marido. Durante duas décadas ela tentou, por vontade dele, entregar-se à casa e aos filhos. Uma amiga lhe disse: "Você parece a mãe do filme *A vida em preto e branco*", uma mulher dos anos 50, delicada e cuidadosa, com cachos esculpidos nos cabelos, infantilizada e previsível por fora, mas tomada por uma paixão não expressada e por uma força não revelada.

O casamento de Cindy lhe proporcionava uma vida aparentemente agradável, com muitas oportunidades de socialização e viagens. Mas defini-la como dona de casa/ajudante do marido "era completamente um papel, nunca foi minha essência", conta. Incansável, ela se envolvia em um trabalho voluntário atrás do outro, gastando sua energia. O marido começou a fazer o mesmo. Mas, em vez de ter objetivos construtivos, ele saía para beber com os amigos.

A ironia da autoimagem fraca de Cindy – a crença de que era incapaz de lidar com dinheiro – era muito óbvia para todos, exceto para ela. Em seu trabalho comunitário, ela sempre controlava o orçamento das organizações que liderava. Aos poucos, assumiu mais controle em casa. Quando o marido abandonou as finanças domésticas, ela contratou um planejador financeiro. Também terminou a faculdade e abriu uma loja de varejo de sucesso com um sócio.

Sua festa de 40 anos representou um ponto de virada. "Olhei para meu marido, que andava bebendo muito naquela época. Ele me deixava envergonhada. Lembro de ter pensado: 'Quem é essa pessoa?'" Logo depois, a repentina morte de sua mãe trouxe mais tristeza. Ela era sua melhor amiga e tinha ajudado Cindy na criação de seus filhos, apoiando-a de todas as maneiras.

Cindy era muito parecida com sua mãe; ambas eram empreendedoras e cheias de energia, mas, a pedido do marido, haviam decidido ficar em casa. A mãe de Cindy seguiu esse caminho a vida toda. "Ela simplesmente se acomodou", conta. Em sua dor e decepção, Cindy concluiu que a vida de sua mãe tinha sido passada em vão, em sua quase totalidade. Além disso, a responsabilidade de cuidar de seu pai idoso ficou para Cindy, algo de que seu marido ressentia. Depois de um ano de aconselhamento conjugal, eles se separaram.

Nos meses seguintes, a vida de Cindy mudou completamente. Envergonhada por ser a única pessoa solteira entre suas amigas casadas, ela parou de sair. "Minha vida social parou. Isso me deixou completamente perdida. Já não fazia ideia de quem era. Estava paralisada. Eu me sentia patética. O que mais me assustava era a falta de segurança. Eu pensava em como poderia viver."

Apenas depois que seus filhos começaram a voltar para casa nos fins de semana para "passar um tempo" com ela, foi que Cindy se forçou a agir. Voltou para a escola para estudar gerenciamento – sem qualquer objetivo em mente, além de cuidar de si mesma.

Com o tempo, foi percebendo que os anos passados com o trabalho voluntário tinham sido úteis. Cindy organizou uma campanha bem-sucedida para criar um posto remunerado de diretor de parques em sua cidade, candidatou-se ao emprego e venceu um competitivo processo de seleção. "Foi uma oportunidade única para dar minha contribuição" à comunidade, Cindy relata. Seus esforços resultaram em diversos novos projetos, embelezaram a cidade e conseguiram o elogio de empresários e de grupos imobiliários.

"Acredito que os ambientes têm um grande impacto no modo como as pessoas se sentem e na maneira como vivem seus dias", conta. Proporcionar apoio às outras pessoas "realmente dá sentido à vida".

No lado doméstico, Cindy aprendeu a fazer investimentos e a contratar seguros. Realizou o sonho pessoal de comprar uma propriedade e está pensando em comprar outras. "Estou me forçando. É muito assustador, mas estou indo bem."

Ela sente que assumiu o controle de seus relacionamentos também. Por meio de um serviço de namoro, conheceu e se apaixonou por um homem de sua idade, um cientista. A princípio, ela insistiu em preservar seu estilo de vida de solteira durante a semana, deixando o namoro para os fins de semana. Depois, conforme analisavam o próximo passo, ela lhe disse: "Quero muito viver com você, mas não quero ser uma esposa – chegar em casa, fazer o jantar e limpar a casa". O noivo de Cindy incentiva sua independência.

Apesar de ela ainda se sentir temerosa às vezes, assumir a liderança em sua comunidade e em suas questões financeiras a ajudou a desenvolver uma atitude mais madura em relação ao risco. Com sua sabedoria dos 50 anos, compreende que tudo na vida é passageiro. Manteve o mesmo jogo antigo da sala de estar durante anos, por exemplo, pensando nele como "os móveis que eu teria até os 80 anos, os móveis que eu teria para receber meus netos". Recentemente, colocou os móveis antigos em um depósito para dar espaço à mobília mais moderna de seu noivo.

"Demorei muito para perceber que nada é para sempre – nada. Estou tentando analisar as coisas de maneira mais leve", conta.

Altos riscos

Muita coisa está em risco para as mulheres que reprimem seu desejo de liderança. Como mostraram as pesquisas, as mulheres que se colocam em segundo plano quando estão entre 20 e 30 anos, escolhendo trabalhos que não valorizam seus talentos ou negando a si mesmas uma carreira desejada ou um papel na comunidade, costumam se arrepender na meia-idade. Um estudo com três mil mulheres na meia-idade sobre os efeitos da criação, dos recursos e da saúde física descobriu que as mulheres que não satisfaziam suas aspirações profissionais eram mais deprimidas e se sentiam menos úteis.[6]

As mulheres em meu estudo que foram atraídas ao papel de Líderes fizeram grandes contribuições como resultado de suas crises. Aos 48 anos, uma delas abriu uma empresa de consultoria no Centro-Oeste que mudou o pensamento de milhares de gerentes e executivos em relação às questões de gerenciamento com as quais ela lida.

Uma mulher de San Francisco, que passou pela crise da meia--idade aos 48 anos, assumiu um novo emprego como gerente de um departamento de atendimento ao cliente. Ela desenvolveu novas técnicas para proteger seus vendedores de abusos realizados por clientes, para permitir que eles extravasem a frustração e para fazer com que saibam dar risada em momentos de estresse. Graças a suas recém-descobertas habilidades de liderança, a permanência dos funcionários no departamento aumentou, e a qualidade do serviço também.

Claramente, conforme a Líder for surgindo nas mulheres nos próximos anos, seu impacto no ambiente de trabalho e na sociedade como um todo será mais profundo.

Notas

[1] George Vaillant, *Aging Well: Surprising Guideposts to a Happier Life*. Nova York: Little, Brown, 2002, p. 311.

[2] Dan P. McAdams, "Generativity at Midlife", in Margie E. Lachman (org.), *Handbook of Midlife Development*. Nova York: John Wiley & Sons, 2001, pp. 412-19.

[3] L. K. Cartwright e P. Wink, "Personality Change in Women Physicians from Medical Student Years to Mid-40s", *Psychology of WomenQuartely*, vol. 18, 1994, pp. 291-308.

[4] Hedy Ratner, Centro de Desenvolvimento de Negócios de Mulheres, Chicago, 10 de agosto de 2004. Memorando por *e-mail*.

[5] Myra Hart, professora da Escola de Administração de Harvard, 11 de agosto de 2004. Memorando por *e-mail*.

[6] D. Carr, "The Fulfillment of Career Dreams at Midlife: Does It Matter for Women's Mental Health?", *Journal of Health and Social Behavior*, vol. 38, 1992, pp. 331-44.

6
A Artista

> Estamos aqui para apoiar a criação e testemunhá-la, para
> perceber o lado belo e a natureza complexa de cada um, para que
> a criação não precise se apresentar a uma casa vazia.
>
> – ANNIE DILLARD

Aos 50 anos, parecia que Ruth estava no ápice de sua vida: tinha boa saúde, uma carreira de prestígio na área editorial, era casada com um homem maravilhoso e tinha um filho adolescente saudável. Só depois que a noite chegava e ela já estava na cama é que Ruth tinha dificuldades para enfrentar tudo.

Entre a meia-noite e o amanhecer, personagens fortes surgiam na semiconsciência de Ruth, travando diálogos e vivendo dramas. As pessoas e os casos a deixavam com tanta energia que ela tinha de sair da cama e se sentar diante do computador durante horas para passá-los para o papel. "Aquelas ideias começavam a me assombrar e eu precisava levantar para escrever sobre elas. Era quase como se aqueles personagens vivessem dentro de mim. Eles começavam a falar e eu tinha de escrever o que estavam dizendo."

Ela nunca havia escrito uma peça em sua vida. Mas agora, em todas as noites e em todas as semanas, era assombrada por dramas mentais. Os diálogos de seus personagens se transformaram em relacionamentos, os relacionamentos se tornaram roteiros, e os roteiros se tornaram páginas e páginas de peças. Ruth logo tinha dezessete pastas repletas de peças ou diálogos. Ela começou a sonhar em se tornar uma dramaturga, em ter uma peça produzida na Broadway.

"O sonho não me deixava em paz", conta. Seus personagens começaram a roubar suas horas do dia também. "No caminho para o trabalho e para casa, eu era envolvida nesse desenrolar. Como poderia fazer essa ou aquela peça? Era só nisso que eu pensava."

Os sonhos de Ruth logo começaram a comandar sua vida, a mudar sua carreira, seu *status* social e financeiro, sua visão da vida. Era como se ela não tivesse escolha. Encontrar sua voz como dramaturga "foi o despertar de uma parte de minha alma, o despertar de minha verdadeira essência, para algo dentro de mim, profundo, que precisava ser expressado", conta. "Se tivesse ignorado isso, acho que teria ficado muito doente."

Um chamado crucial

A Artista é um arquétipo profundamente intenso que costuma virar os valores da mulher de cabeça para baixo na meia-idade, reorganizando sua vida com um chamado: criar arte. Entre muitas Artistas de meu estudo, a maioria descreveu a experiência como ser derrubada por uma corrente tão forte a ponto de transformar não só a pessoa, mas seu relacionamento com marido, filhos e amigos.

Essas mulheres, em geral, desviaram seus caminhos na casa dos 20 ou 30 anos, de modo que reprimiram seus sonhos artísticos da juventude. Foram direcionadas para um caminho diferente com a criação dos filhos, a necessidade de trabalhar ou os imperativos de obter sucesso nos negócios. E então, depois de décadas calando a voz da autoexpressão, o lado criativo explodiu na meia-idade.

Os pesquisadores têm registrado um padrão de criatividade repentina nessa fase. Em um estudo realizado com uma comunidade de artistas na faixa etária entre 30 e 50 anos, um pesquisador descobriu um forte elo entre a criatividade e o avanço da idade. Quanto mais velhos os artistas, mais criativos se tornavam. Seus processos de pensamento e de planejamento eram mais livres que os dos artistas jovens, e eles eram menos egoístas, mais relaxados e mais receptivos a novas ideias.[1]

A importância que a arte tem na felicidade de uma mulher durante a segunda metade da vida pode ser muito grande. Em um estudo que durou cinquenta anos a respeito do desenvolvimento humano, o psiquiatra e professor de Harvard George Vaillant descobriu que a construção da criatividade na vida de uma pessoa na meia-idade, somada à capacidade de fazer amizades mais jovens, traz mais felicidade que uma aposentadoria elevada.[2]

A Artista também desempenha um importante papel psicológico na meia-idade: permite sublimar nossa dor na criatividade. A sublimação é a ferramenta psicológica que direciona um impulso primitivo ou pouco humano para outro que seja ética e culturalmente superior. Eleva nossos instintos humanos básicos à pureza ou à excelência, transformando-os ou refinando-os. A sublimação está entre as capacidades humanas mais superiores.

Conforme as perdas e os desejos instintivos ameaçam nos sufocar na meia-idade, a Artista permite que os sublimemos. Ela revive uma sensação de encantamento e nos ajuda a resolver conflitos internos.

Os adultos na meia-idade gozam de um bom momento para a criatividade. Nessa idade, já acumularam muita experiência prática, além daquilo que os psicólogos chamam de inteligência "cristalizada" – informação específica acumulada, como saber o sinônimo de alguma palavra incomum. Mas muitos adultos na meia-idade ainda não estão passando por outra mudança no cérebro associada ao envelhecimento: um declínio na inteligência "fluida", ou o pensamento criativo e flexível necessário para lidar com a novidade. Assim, a meia-idade é, em alguns aspectos, a época perfeita para fazer novas contribuições criativas e intelectuais.[3]

Descobertas recentes na neurociência cognitiva sugerem que as atividades criativas realizadas na crise de meia-idade podem estimular o cérebro a crescer e desenvolver novas capacidades. Os experimentos mostram que o cérebro tem uma capacidade forte de reagir a novos desafios. A Artista, e na verdade todos os arquétipos deste livro, pode estimular o cérebro a criar mais dendritos – extensões que fazem conexões com outras células – e a desenvolver novas sinapses – pontos de contato entre as células. Conforme uma mulher se concentra em atividades vitais e estimulantes, essas mudanças continuam ocorrendo apesar do processo de envelhecimento.[4]

Esse desejo psicológico de criação pode chegar ao ápice nesse estágio também. O psicanalista pioneiro Carl Jung e Elliot Jacques – homem que criou o termo "crise de meia-idade" – enfatizam a importância de aceitar o potencial criativo como uma tarefa principal na meia-idade.[5]

O arquétipo da Artista tem seus riscos; uma vida de pobreza é um deles. Mas as recompensas são muitas: autoexpressão além do normal, alegria ao ver outras pessoas apreciarem sua mensagem e senso mais firme de identidade pessoal.

Esse arquétipo também guarda um grande significado: o dom de poder "transportar" os outros para um nível superior de experiência. Inúmeras comunidades são enriquecidas pela Artista, quando mulheres de meia-idade investem suas energias para fazer arte, criar e atuar em produções teatrais ou quando contribuem para a vida artística ou cultural de todos aqueles que as cercam.

Despertares noturnos

Desde sempre Ruth adorava fazer apresentações e alegrar os outros com elas. Seus pais gostavam de teatro e de música, e Ruth cantava e dançava para eles quando era criança. "Minha mãe pensava que eu seria a próxima Shirley Temple. Ela me incentivava muito", lembra-se. Ela sonhava em se tornar atriz.

Mas os sonhos de Ruth se perderam quando ela tinha 11 anos. Sua mãe morreu e ela perdeu seu maior incentivo. Foi mandada para colégios internos enquanto seu pai viajava a trabalho. Suas aulas de dança e de atuação ficaram de lado. "Deixei para trás minha grande paixão", relata.

Lembranças dos sonhos surgiam de vez em quando. Um teste vocacional realizado aos 20 anos mostrou que Ruth tinha uma grande aptidão para o teatro – com dez pontos a mais que sua segunda área mais forte, o jornalismo. Mas o psicólogo que realizou o teste tirou Ruth do caminho do teatro. Nos 25 anos seguintes, ela teve empregos mais práticos, como secretária, escritora e editora.

Não é de surpreender que ela tenha conhecido o homem com quem se casaria enquanto realizava uma arte performática: dança folclórica. Eles se casaram nos Estados Unidos e depois se mudaram para Ontário.

A saudade de sua mãe era uma presença constante em sua vida. Ela pensou seriamente em estudar medicina, vontade que atribui a "uma leve hipocondria, porque minha mãe morreu muito jovem". Ela conta que, depois de passar uma noite assistindo a um filme sobre o relacionamento entre mãe e filha, *Divinos segredos*, chorou até cansar. O filme trouxe muitas lembranças de sua mãe, que, assim como muitas mulheres adultas nos anos 50, trabalhou fora de casa apenas por um breve período.

"Ela conseguiu um emprego como secretária e se sentiu muito triste. Tentou mantê-lo por três meses, mas apenas datilografava o dia todo. Tinha um intervalo de cinco minutos para um chá, outro de meia hora para o almoço, e mais um de cinco minutos para o chá. Depois, ela precisava voltar para casa para cuidar de nós."

Enquanto a crise de meia-idade de Ruth crescia, as lembranças de sua mãe passaram a ter grande importância. Certa noite, sonhou que as duas conversavam por muito tempo. "Eu me sentei diante do computador e escrevi por três horas sem parar." Nas conversas, as duas mulheres comparavam suas perspectivas a respeito do trabalho e da família e a grande diferença entre suas vidas. "Eu teria feito qualquer coisa para ter uma carreira", a mãe dizia à filha. A filha respondia que adoraria ficar em casa com seus filhos, mas que sentia que precisava fazer as duas coisas: trabalhar e cuidar dos filhos.

Inspirada por seu sonho de ter uma carreira no teatro, Ruth ajudou a organizar um programa de dramaturgia em um teatro comandado por mulheres de sua cidade, ajudando a iniciar o programa de interpretação. Apresentou-se em produções músico-teatrais de sua comunidade e contratou um dramaturgo assistente para ajudá-la a lapidar seus roteiros.

Ao ver a vida de Ruth transformada, seu filho adolescente lhe perguntou, certo dia, por que ela havia escolhido jornalismo. A pergunta trouxe uma lembrança de que ela havia esquecido: o teste vocacional que fizera 25 anos antes. Pegou o teste em uma velha pasta e ficou assustada ao ver como seus talentos teatrais haviam se mostrado fortes – e como ela havia ignorado aquele sinal. "Eu me senti aliviada", conta. "Sabia que estava no rumo certo."

Apesar de suas energias criativas estarem cada vez mais tomando o lugar de outros pensamentos, ela temia abandonar o trabalho de editora, que lhe rendia um bom salário. Tinha medo de perder o dinheiro. Mas seu marido incentivou seus desejos, e durante longos passeios fizeram planos que acabaram encorajando Ruth a abrir mão do emprego.

"Quando finalmente tomei a decisão de sair, as coisas se acalmaram completamente. Meus medos foram embora", conta. Sua renda caiu, e a transição não tem sido fácil. "É algo difícil, mas muito bom. Nunca me senti tão feliz como agora."

Para Ruth, dar voz à Artista foi mais que uma maneira de autoexpressão. Foi um modo de se conectar com a lembrança da querida mãe que perdeu. No meio dos problemas da meia-idade, Ruth finalmente aprendeu a dar a si mesma o mesmo tipo de incentivo que recebera décadas antes com tanta intensidade de sua mãe.

O papel da Artista também dá a Ruth uma maneira de se conectar com as outras pessoas de modo profundo e significativo. Ao ser solicitada para explicar o sentido de sua arte, Ruth se lembra de um momento depois de uma produção na qual havia interpretado uma cantora e atriz. A diretora de cena, na faixa dos 30 anos, se aproximou e disse: "Gosto muito de vê-la atuando". Ruth agradeceu e a mulher acrescentou com gratidão: "Você me transporta".

Os olhos de Ruth se encheram de lágrimas. "Fiquei muito tocada. O teatro transporta as pessoas. Ele as tira de seu mundo rotineiro e cria mágica, dando-lhes um alívio das coisas mundanas." Em seguida, acrescenta: "Eu me sinto conectada com o universo. Acredito que o que fazemos por meio das artes se torna espiritual. Somos levados a outro plano. E eu me sinto muito bem quando faço isso".

Ativando a censura interna

Para muitas mulheres, criar arte na meia-idade ocupa não apenas a alma, mas também o corpo. Ruth está convencida de que as mudanças hormonais causadas pela menopausa ajudaram a dar início à explosão de criatividade em sua vida. Pesquisadores que já examinaram o cérebro feminino antes e depois da menopausa não encontraram diferenças mensuráveis no funcionamento. No entanto, muitas mulheres acham que a menopausa é suficientemente motivadora para fazê-las começar novas atividades.

A pesquisadora Mona Lisa Schulz, médica e autora do livro *The New Feminine Brain*, acredita que as mesmas mudanças hormonais que causam alterações de humor, irritabilidade e impulsividade, associadas à menopausa, também causam "circuitos emocionalmente criativos que fogem do controle". Assim, "a mulher tem menos probabilidade de julgar e censurar seus desejos criativos".[6]

Para Helena, o surgimento da Artista tomou conta de seu corpo em primeiro lugar: ela se entregou ao antigo sonho de se tornar patinadora, divertindo-se com a beleza física do esporte, a velocidade e a liberdade. Depois, lentamente, ao longo de um projeto de pintura cansativo que consumiu suas energias criativas durante quase três anos, Helena reconcentrou seu corpo nas artes visuais que haviam sido seu ponto de interesse principal entre os 20 e os 30 anos – "ensinando" suas mãos a conhecer novamente os pincéis, as pinceladas e as imagens de sua arte, como haviam conhecido anteriormente, antes de o trabalho, o casamento e o nascimento dos filhos ofuscarem sua carreira artística. Sua história mostra como a Artista reorganiza todos os valores na vida de uma mulher ao redor da paixão de criar.

Uma experiência explosiva

Um observador casual pode pensar que Helena tinha tudo na vida. Aos 47 anos, era proprietária, com seu marido, de um restaurante e hotel em Hudson Valley. Trabalhando como *maître* todos os fins de semana à noite, ela ajudava a entreter muitos clientes importantes. Algumas pessoas dirigiam mais de 160 quilômetros para jantar em seu estabelecimento.

Mas, por dentro, Helena estava morrendo. Ela já tinha sido uma artista com fama crescente em Manhattan, mas abandonara a carreira treze anos antes para ser esposa, mãe que trabalha e sócia de seu marido nos negócios. Apesar de ter tentado diversas vezes abrir um estúdio em vários quartos do hotel, "eu não tinha silêncio suficiente, as crianças estavam presentes, os garçons subiam e desciam as escadas e as pessoas da limpeza tinham que lavar roupa", conta. "Eu não conseguia fazer arte."

Seu casamento, também, estava desgastado pelas responsabilidades dos negócios, pela criação dos filhos e pela falta de cuidados. Procurando atender os convidados, Helena diz que se sentia "como um pavão velho arrastando a cauda".

Foi no âmbito físico que Helena começou o trabalho árduo da crise da meia-idade. Começou a insistir em deixar o serviço todos os dias para fazer ginástica em uma academia. "Eu sentia que estava ficando gorda e feia e não queria que minha vida terminasse daquela maneira." Ao restabelecer sua ligação com o corpo, o antigo sonho de patinar ganhou força. Helena havia treinado, na infância, com um professor. "Meus maiores sonhos de liberdade sempre envolviam a patinação livre."

Em algo que ela descreve como "uma experiência explosiva", decidiu começar a patinar novamente. "Certo, já chega", pensou. "Finalmente vou fazer algo por mim." Ela e sua filha, então com 7 anos, começaram a ir, duas vezes por semana, a um rinque de patinação que ficava a uma hora de distância, para treinar com dois professores experientes. "Eu fazia uma aula e ela fazia outra. Foi muito forte para nós duas", Helena se recorda.

Ela suspira com prazer ao se lembrar de como se sentiu patinando novamente. "Um dos maiores arrependimentos de minha vida foi ter esperado tanto. Saltar! Era fabuloso! Patinar de costas com muita rapidez e pular... era maravilhoso!"

"Por que você não tenta girar?", o professor perguntou certo dia. Helena hesitou, procurando se lembrar de como fazer a manobra difícil. Tentou e conseguiu no mesmo instante. "Meu corpo ainda sabia fazer aquilo, desde quando eu era menina", conta. "Foi como uma arqueologia física" revelar o conhecimento muscular escondido por anos de falta de prática. Mas o autoengano típico que a crise de meia-idade traz logo atingiu Helena. Ela ignorou uma dor crescente nos joelhos, fingindo que estava tudo bem, até que a lesão a forçou a parar de patinar e a se submeter a uma cirurgia.

Apesar de os joelhos de Helena nunca mais terem sido os mesmos, "eu não trocaria a tentativa de patinar por nada neste mundo", conta.

Fuga para o Quarto das Rosas

A parte de Helena que a inspirou a começar a patinar de novo – chamada por ela de "parte expressiva de mim mesma" – começou a exigir mais atenção.

Helena tinha estudado artes nos anos 80. Havia se formado em uma importante escola de arte, apresentava palestras e oficinas e recebeu dois prêmios federais de bastante prestígio. Mas os anos que passou cuidando dos filhos e trabalhando muito no hotel prejudicaram sua conexão interna com a arte. Tornou-se tão distante de sua criatividade que não suportava olhar para as pinturas quando visitava a cidade.

Apesar de não ter tempo livre, Helena começou a fugir de seu trabalho para se dedicar a um projeto de pintura decorativa na casa de uma amiga à beira de um lago. Ali, em um quarto espaçoso, com paredes limpas e portas francesas abertas, ficava o que sua amiga Ann imaginava ser um mural dentro do quarto. No que se tornaria um projeto divisor de águas, Helena trabalhou a maior parte dos três anos seguintes para transformar o local em uma bela mostra de dezenas de rosas gigantes e muito coloridas,

141

pintadas em diversos estágios de desabrochar. No trabalho lento que passou a ser conhecido como o Quarto das Rosas, Helena reativou seu talento. Assumiu a "filosofia de deixar qualquer coisa acontecer. Era uma maneira de voltar para meu trabalho como artista".

Trabalhando sem parar no silêncio da sala, as mãos de Helena lembraram como pintar. Ela espalhou pela parede rosas de cinquenta centímetros de largura ou mais, de diversas cores – cor-de-rosa, lilases, amarelas, vermelhas –, com folhas verdes de pontos prateados. Flutuando, algumas eram botões, outras estavam totalmente abertas, e outras sumiam nas paredes amarelas. Para Ann, parecia uma metáfora da entrada na segunda parte da vida. Nos cantos em que as paredes se encontravam com o teto, Helena pintou frases de um poema de Seamus Heaney sobre renovação e esperança, "The Sea Change".

Hoje, todos que visitam o Quarto das Rosas adoram o que veem, diz Ann. Ele se tornou "um local de grande felicidade". Às vezes, Ann adormece lendo no quarto e sonha com o jardim de rosas da avó, caminhando com ela entre as flores.

O Quarto das Rosas fez renascer a criatividade em Helena. "Decidi que viveria como artista, independentemente do que precisasse fazer para isso." Começou a passar grande parte do tempo fazendo arte, trabalhando com uma nova técnica que combina tinta a óleo, escultura e impressões digitais. "Sinto-me como uma pessoa de 20 anos definindo minha vida. E ainda não terminei. Estou fazendo todas as coisas que provavelmente deveria ter feito quando tinha 30 anos."

Enquanto isso, o estresse e a responsabilidade de gerenciar um hotel estragavam o casamento de Helena. Ela e o marido se divorciaram e venderam o negócio. Ela passou por uma depressão. Aos 47 anos, mudou-se para um pequeno apartamento com as duas filhas pré-adolescentes, com pouco dinheiro, pouco espaço e pouco tempo para si mesma. Conseguiu dois empregos de meio período como professora de artes. Nos raros momentos em que ficava sozinha, dentro do carro, cumprindo tarefas diárias ou buscando suas filhas em algum lugar, às vezes começava a chorar "com muito medo do que iria acontecer comigo", diz. "Eu estava morrendo espiritualmente e fiquei muito triste, e tudo parecia uma morte física."

Com o apoio de amigos, começou uma nova vida centrada na arte. Conseguiu comprar uma velha casa histórica e a reformou com a ajuda de seus amigos. "Tive de ser muito criativa para sobreviver", conta. Passou a viver perto do ex-marido, e os dois estão conseguindo dividir a criação das filhas.

O fato de perder o caminho e encontrá-lo de novo ensinou Helena a ver as coisas de outra forma. "Tomo muito cuidado com o que faço de minha vida. Agora sei que, se uma pessoa dá um passo errado no caminho errado, esse caminho pode passar a defini-la e, às vezes, não é fácil sair dele." Agora ela está deixando que a Artista a guie por um caminho unicamente seu. "Estou na luta com meu machado, derrubando palmeiras e tentando abrir espaço para crescer."

Existem momentos de dúvida. Nos dias em que sente dor nas costas por ter passado muitas horas dirigindo no caminho de volta para casa, ela questiona suas decisões. Preocupa-se com dinheiro. "Seria muito fácil conseguir um emprego como gerente ou administradora. Mas, se fizesse isso, voltaria para o mesmo lugar", realizando trabalhos que detesta.

Por enquanto, pelo menos, a resposta é clara: "A liberdade intelectual de projetar minha vida e minha arte é mais importante para mim que qualquer coisa neste momento". Ela para e acrescenta: "Não sei para onde isso está me levando, mas sou otimista".

Notas

[1] R. Maduro, "Artistic Creativity and Aging in India", *International Journal of Aging and Human Development*, vol. 5, 1974, pp. 303-29.

[2] George Vaillant, *Aging Well: Surprinsing Guideposts to a Happier Life*. Nova York: Little, Brown, 2002, p. 13.

[3] Robert J. Sternberg, Elena L. Grigorenko e Stella Oh, "The Development of Intelligence at Midlife", in Margie E. Lachman (org.), *Handbook of Midlife Development*. Nova York: John Wiley & Sons, 2001, pp. 238-39.

[4] Gene D. Cohen, *The Creative Age: Awakening Human Potential in the Second Half of Life*. Nova York: Quill, 2001, pp. 50-52; e entrevista por telefone, 15 de outubro de 2004.

[5] Margie E. Lachman e Jacquelyn Boone James, "Charting the Course of Midlife Development: An Overview", in Margie E. Lachman e Jacquelyn Boone James (orgs.), *Multiple Paths of Midlife Development*. Chicago: University of Chicago Press, 1997, p. 7.

[6] Mona Lisa Schulz, 2 de setembro de 2004. Memorando por *e-mail*.

7

A Jardineira

Você deve viver no presente, lançar-se em todas as ondas, encontrar sua eternidade em cada momento.

— HENRY DAVID THOREAU

No início dos 50 anos, a crise de meia-idade de Melanie a levou ao ponto mais baixo a que uma mulher pode chegar. Seu pai havia morrido de câncer e ela assumiu a responsabilidade de cuidar de três parentes idosos. Sofreu uma lesão no ouvido e perdeu a vitalidade sexual em uma histerectomia. Depois, o único filho de Melanie revelou que era homossexual.

Ela se desesperou a ponto de querer se suicidar. "Pela primeira vez na vida, me senti impotente. Simplesmente me senti velha e completamente 'ultrapassada'. Não conseguia ficar sozinha. Sempre que ficava, começava a chorar, fosse durante o banho ou em qualquer lugar em que estivesse."

Ela resistiu à vontade de acabar com sua vida e, quatro anos mais tarde, começou a se sentir bem novamente. O arquétipo de sua crise de meia-idade não oferece adrenalina, ousadia pública ou reconhecimento. É um caminho que quase ninguém nota. Mesmo assim, é interessante, belo, forte e abundante.

Melanie se concentrou em tirar o máximo proveito do mundo ao seu redor – cultivando hábitos interessantes, criando esplendor em sua maneira de ser e encontrando alegria nas pequenas coisas. Projetou um jardim rico em símbolos da história de sua família. Encontrou maneiras de criar beleza, tentando tirar fotografias e fazendo cartões. E passou a fazer serviço comunitário, ensinando inglês a refugiados e visitando pacientes de casas de repouso.

Um arquétipo contido

Cândido, herói do romance clássico de Voltaire, do século XVIII, tornou-se um símbolo cultural da filosofia que Melanie pratica. Cândido percorre o mundo, descobre o mal e entra em uma época de desmotivação e decepção. Na meia-idade, ele conclui que o melhor caminho para a sabedoria é cuidar do próprio jardim – investir seu trabalho, carinho e atenção naquela parte do mundo que se pode controlar; a única parte, conforme acredita, que pode lhe trazer alguma satisfação e paz.

O jardim pode ser útil tanto como modelo quanto como metáfora nos últimos estágios da vida, afirma George Vaillant, da Universidade de Harvard. Para ele, os bons jardineiros são sempre produtivos. Criam belos lugares na terra que permanecem por mais de uma estação. Quando os jardineiros morrem, os jardins continuam vivendo, causando um tipo de imortalidade. O jardim também pode ser uma lição de humildade; as pessoas podem fazer seu trabalho, mas depois devem abrir mão dele e deixar que a natureza siga seu rumo.

A Jardineira é um arquétipo moderado, que motiva a mulher a viver no presente e a aproveitar tudo que seus sentidos conseguem absorver do mundo que a cerca. Em vez de mudar toda a sua vida para correr atrás de algum prêmio, aventura ou projeto, a Jardineira se volta para dentro de si e do mundo que a cerca. Procura caminhos relativamente tradicionais na meia-idade, investindo em relacionamentos já existentes. Passatempo, voluntarismo, serviço comunitário e projetos domésticos.

A força da Jardineira vem da força de uma necessidade psicológica por criatividade e produtividade. Ela transforma a dor e os impulsos da crise de meia-idade em um bem maior, cultural ou ético. Corte e costura, jardinagem, cerâmica e arranjos de flores serviram como meios criativos para as mulheres do Estudo de Harvard sobre o Desenvolvimento Adulto.[1]

Apesar da moderação desse arquétipo, ele pode ser classificado como qualquer coisa, menos austero. O impacto causado pela Jardineira pode ser sensorial e energizante. Por fazer com que a mulher fique completamente viva – completamente ligada a seus sentidos e alma, e gozando das alegrias que eles podem trazer –, a Jardineira pode ser tão interessante e pitoresca como a Amante. A Jardineira pode alterar a vida das mulheres de maneira tão profunda quanto os outros arquétipos. Assim como um viajante que muda apenas um pouco sua rota de viagem e para em um continente diferente, uma mulher que realiza os ajustes da Jardineira em sua vida pode acabar tendo uma vida completamente diferente anos depois.

Os sinais da Jardineira existem em excesso em nossa cultura. As Jardineiras dão muito valor para a comunidade, assim como as mulheres de meia-idade em geral. Mais de 78% das mulheres entre 45 e 59 anos acreditam que ser um membro produtivo da comunidade e da sociedade é extremamente importante, em comparação com apenas 70% dos homens, como mostra um estudo da Associação Americana de Aposentados.[2]

Esses valores fazem com que as mulheres de meia-idade realizem trabalhos voluntários mais vezes que outros grupos demográficos. Em torno de 36% a 40% das mulheres na faixa etária entre 35 e 54 anos dedicam seu tempo a causas importantes. São vários pontos percentuais a mais que os 29% dos homens da mesma faixa etária e que qualquer outra faixa ou sexo, como mostram os dados do Ministério do Trabalho dos Estados Unidos. Quatro quintos das mulheres acima de 50 anos afirmam que ajudar as outras pessoas é um objetivo pessoal e essencial, segundo um estudo realizado pela Escola de Administração de Simons. Também são vários pontos percentuais a mais que mulheres em qualquer outra faixa etária, incluindo as meninas no estágio tipicamente idealista da adolescência. Três quartos das mulheres acima dos 50 anos também dizem que contribuir para a comunidade tem grande importância em sua vida.[3] Em outro indício, as mulheres de meia-idade, em comparação com os homens, estão mais satisfeitas com a qualidade da contribuição que dão aos outros. A responsabilidade social também alcança patamares elevados entre as mulheres de meia-idade, um padrão que não surge entre os homens.[4]

A Jardineira tem seus riscos e recompensas. Esse arquétipo costuma prejudicar menos os fatores sociais, como emprego e relacionamento. Nesse âmbito, pode garantir uma velhice farta e estável. No entanto, esse arquétipo moderado pode não ser totalmente satisfatório para algumas mulheres. Pode não trazer o crescimento pessoal que elas esperam.

Contracorrentes de amor

A infância de Melanie foi tranquila em alguns aspectos e repressiva em outros. Filha de um herói da Segunda Guerra Mundial e de uma mãe que não trabalhava nos anos 50, ela gozou de muita liberdade. "Eu podia subir em minha bicicleta e pedalar por quilômetros, estando não apenas segura, mas também voando, vivendo a minha maravilhosa vida de criança de 10 anos, pedalando pelo interior, para onde quisesse", relembra.

Sua mãe era tão carinhosa que, quando Melanie ralava o joelho, ela fazia uma cara engraçadinha com o mertiolate em cima do machucado e preparava uma canja de galinha para que a filha se sentisse melhor. Melanie também era muito próxima de seu pai, um homem alto e atlético, que a ensinou a jogar boliche e a andar de bicicleta. Sua mãe lhe contava histórias do heroísmo de seu pai na guerra, de como ele se abaixou diante de um B-52 e jogou bombas sobre a Alemanha durante a guerra.

Apesar de seus pais serem muito carinhosos, outras influências atrapalharam Melanie. Um lado seu desejava conhecer o mundo, mas a vida em família era limitada ao desejo pós-guerra de seu pai de se "dedicar à normalidade", viver na cidadezinha deles e, depois de toda a destruição que ele vira, "nunca mais ir para nenhum outro lugar".

O sexismo daquela época influenciou a criação de Melanie. Ela foi menos incentivada que seus irmãos a ir para a faculdade, e o conselho a respeito de trabalho que escutava dos adultos era típico daquela geração: seja uma professora. "Não havia muitas mulheres para servirem de exemplos naquela época", conta. Seguindo o conselho de professores e de psicólogos da escola, ela se formou na faculdade, se mudou para Washington, D.C., e conseguiu uma série de empregos no Capitólio.

Mas a influência de seu pai e o exemplo de sua coragem tinham moldado sua consciência, e Melanie tomou um caminho ousado logo no início de sua carreira. Quando descobriu um esquema de corrupção nas operações de um congressista, ficou abismada e levou a história ao jornal. "Eu estava indignada." A história veio à tona e Melanie foi despedida imediatamente.

Tempos depois, trabalhando em uma organização que realizava *lobbies*, contrariou as expectativas de seus chefes, que esperavam que ela, assim como todas as mulheres, lavasse xícaras de café o dia todo. A sugestão que deu para substituir as xícaras de vidro por copos de plástico incendiou seu local de trabalho. "Você não tem que nos dar sugestões", seu chefe lhe disse. E ela foi demitida novamente.

Melanie logo começou a tomar decisões profissionais das quais se arrependeria mais tarde. Recusou uma oportunidade em uma empresa de radiodifusão pública, área que passaria por um enorme crescimento mais tarde. Casou e abandonou sua carreira no jornalismo depois que ela e o marido enfrentaram problemas de fertilidade. Ela se distraía demais para trabalhar em tempo integral, e passou a trabalhar como *freelancer*.

Analisando o passado, Melanie se pergunta até que ponto essas decisões contribuíram para sua crise de meia-idade. Apesar de ela e o marido não terem sido capazes de conceber os vários filhos que queriam, Melanie deu à luz um filho e se concentrou em sua criação. Durante grande parte de sua vida adulta, Melanie – uma mulher capaz e cheia de vida, com cabelos curtos e olhos castanhos – se viu como "uma pessoa feliz, ativa, sensata, com alguns bons amigos, um bom casamento e um filho querido".

No vazio

Décadas se passaram antes que as contracorrentes se aprofundassem a ponto de ameaçar engolir Melanie. As perdas e os contratempos próximos dos 50 anos foram como uma morte dolorida. Sem o foco de uma carreira, Melanie sentiu muito a dor da morte de seu pai, suas obrigações de adulta, sua histerectomia e o fato de seu filho ser homossexual. A menopausa, ponto crucial do fim de seus anos de fertilidade, trouxe de volta o arrependimento antigo por não ter tido mais de um filho.

Melanie se sentia culpada, envergonhada e arrependida. Concluiu precipitadamente que o fato de seu filho ser homossexual representava uma falha como mãe, fazendo os dois se distanciarem. Pensando no pai, que havia sido bombardeiro, Melanie procurou em seu passado o motivo de seus problemas. Culpou-se por ter abandonado a carreira anos antes. Se tivesse continuado no mercado de trabalho, sua carreira teria servido como um foco total de concentração alternativo, uma fonte de identidade e conforto em um momento de crise familiar. "Mas eu me sentia fracassada em todas as áreas", conta.

Arrasada pelo conflito interno, lutou contra a vontade de se suicidar. Seu lado pragmático mostrou que ela estava passando por uma depressão. "Mas, ao mesmo tempo, eu também pensava: 'Acho que nunca vou conseguir sair dessa. Acho que gostaria de acabar com tudo. E ser livre'."

Seu marido, que sempre chegava do trabalho e encontrava a esposa chorando, não sabia o que fazer. "Você precisa se ajudar. Precisa fazer o que for preciso ser feito", dizia. "Mas faça alguma coisa."

Uma reforma no quintal

Melanie começou a se afastar do abismo. Começou a se consultar com um psiquiatra duas vezes por semana. Nessas sessões, "dei passos de criança, voltei cada vez mais para a minha essência", ela diz – para as forças internas que começaram a traçar o caminho para a renovação. "Você não está dando atenção a um problema: você está no meio de sua vida e precisa saber o que quer", disse-lhe o psiquiatra.

Ele a ajudou a perceber que a sexualidade de seu filho não era culpa de Melanie. Ela começou a questionar a si mesma: "Ele é um bom aluno, não usa drogas. Qual é o problema?"

Percebeu que estava tentando viver através de seu filho. Sem perceber, "estava sentindo que havia feito muitas escolhas ruins. Via que, em alguns momentos, simplesmente esperava que ele realizasse meus objetivos não satisfeitos". Melanie precisava trabalhar consigo mesma, "deixando meu legado de outras maneiras, sem afastar o meu amor por ele".

Melanie viveu sua crise de meia-idade no modo Queima Lenta. Começou a praticar jardinagem e criou um universo rico em seu quintal. No espaço onde, anos antes, havia um estacionamento não utilizado, ela plantou flores, arbustos, árvores e plantas rasteiras. Fez um jardim com plantas que florescem na primavera, no verão e no outono.

Roedores, pássaros e outras criaturas são atraídos para o local, e os animais se acasalam, caçam e brincam ali. "Nosso quintal é um espaço fantástico", Melanie diz. "O jardim estimula todos os sentidos. É isso o que ele tem de mais interessante." Ela fala das plantas com perfume, como a lavanda. "As folhas têm belas cores no verão, e é bonito ver o contraste com as folhas mais escuras. E florescem lindamente." Às vezes, ela amassa as folhas e as coloca dentro da gaveta do quarto. Lírios-do-vale ficam perto da porta de entrada, e clêmatis podem ser encontradas no gramado; Melanie vira os ramos para que as flores fiquem voltadas para a casa.

Seu jardim traz lembranças. Melanie procurou uma antiga flor, chamada hosta, e a plantou para que sempre se lembrasse de sua avó. Ela lembra que, quando era criança e chegava à casa dos avós para uma visita, sua avó sempre saía correndo da cozinha para recebê-los ao lado de um canteiro de hostas. "Ela sempre ficava ao lado das flores para nos receber com abraços e muitos apertos nas bochechas". Melanie encontrou outro tipo de flor perfumada e a plantou no lado de fora da janela da cozinha. O perfume entra na casa e passa pela mesa da cozinha sempre que ela abre a janela.

As plantas fazem com que ela também se lembre dos dias de verão de sua infância, que ela passava com sua família na varanda da casa de seus avós paternos. Adultos e crianças se reuniam ao redor de uma mesa redonda de madeira. Os homens vestiam camisas brancas passadas a ferro, e as crianças, roupas de banho de algodão. Todos brincavam juntos ao lado de um rio cercado de árvores que ficava ali perto.

"Era muito relaxante. Nosso avô nos ensinava a jogar baralho e nos dava os círculos de papel de seus charutos. Minha avó colocava grandes cestos de frutas na varanda e jarros de limonada. Ninguém dizia que iríamos estragar o apetite comendo ou bebendo demais. E nós jogávamos as sementes da fruta por cima da cerca quando os adultos não estavam olhando." As crianças procuravam um lugar com sombra no banco de balanço, que dava vista para um rio com gansos e um campo repleto de flores selvagens. Às vezes, Melanie balançava no banco até dormir.

O jardim também guarda lições sobre a vida. Certa vez, o filho de Melanie trouxe uma plantinha da escola. Eles a plantaram no quintal, mas ela era sempre atropelada pelo cortador de grama. Melanie decidiu arrancá-la, mas depois desistiu. "Era como se a árvore estivesse olhando para mim e dizendo: 'Cuide de mim'. Era tão pequena. Por isso, eu a levei de volta ao jardim, a plantei e disse: 'Já lhe dei tudo o que podia, agora você precisa se virar sozinha'."

A plantinha estava tão no fundo do jardim que Melanie acabou se esquecendo dela. Anos depois, no meio de sua crise de meia-idade, percebeu a árvore de novo. "Ela não só havia sobrevivido como tinha 1,90 metro de altura e estava linda", conta.

A árvore, em sua opinião, "era uma metáfora de meu filho. Se você cuida de alguma coisa, ela vai crescer e lhe surpreender". Na vida, "você não tem controle. O jardim simboliza a transição. Ele vai crescer como a natureza quiser – não necessariamente como você quer que ele cresça".

Estudando artes

Decidida a incentivar e a interpretar a beleza ao seu redor, Melanie se matriculou em uma escola de artes e começou a estudar fotografia. "Descobri coisas na natureza e percebi que, se prestasse bastante atenção, descobriria um novo mundo, um mundo dentro de outro. Senti que estava com o coração transbordando." Ela tirou fotos de flores em seu jardim, fotografando com a luz do sol e usando um papel como refletor para produzir imagens especiais. Fez experiências com filmes especiais e filtros, criando cores inesperadas e tons que davam um aspecto envelhecido ou "de outro mundo" a seu trabalho.

Em passeios pelo interior, procurava fotografar "cenários incomuns, como um agricultor arando suas terras ao pôr do sol. É uma imagem muito poética, se o sol estiver na posição certa", conta. Fez cartões com algumas de suas fotos e os deu de presente. Comparando com seu trabalho com idosos, "senti que estava dando algo meu, mas de maneira agradável, não exaustiva". Colocou algumas caixas com suas fotos impressas em lojas de presentes da região e todas foram vendidas em poucos dias.

Ajudando

O serviço comunitário também ajudou na cura de Melanie. Ela matriculou seu cachorro, um *golden retriever*, para ser treinado para trabalhar como animal de terapia, com pacientes de casas de repouso. Melanie ensinou truques a seu cachorro que fazem os pacientes rirem. Suas visitas às pessoas que estão morrendo servem como um lembrete para aproveitar o momento. "Quando você olha para alguém que está prestes a deixar este mundo, sente algo místico. Apesar de o sofrimento físico ser aliviado pelo cuidado que recebem na casa de repouso, eles ainda sabem, é o fim de sua existência corporal. É sempre um lembrete do inesperado. Podemos estar correndo pelas ruas um dia e três meses depois estarmos em uma cama de hospital."

Melanie também trabalha como voluntária ensinando inglês a imigrantes adultos. Ao ensinar refugiados do Oriente Médio, do Leste Europeu e de outras regiões abaladas pela guerra – "pessoas que sofreram com questões de sobrevivência, cujas vidas corriam sério perigo" –, Melanie aprendeu a valorizar o que tem. Uma refugiada estava na faixa dos 30 anos e era pianista clássica no Conservatório de Moscou. Nos Estados Unidos, o melhor emprego que conseguiu foi em uma granja, matando galinhas.

"Aquela pessoa que pode tocar lindas canções clássicas ao piano usa as mesmas mãos para matar galinhas", Melanie conta. O marido da refugiada era um engenheiro que havia sido forçado a aceitar um trabalho como pedreiro. Quando ela tentou encontrar um emprego melhor, recebeu o conselho de limpar a casa das pessoas. O orgulho de seu marido foi destruído, Melanie conta. Ela saiu com a mulher para ajudá-la a escolher *lingeries* do tamanho certo, e deu de presente ao casal ingressos para a ópera.

Outro aluno, um homem na faixa dos 50 anos, havia encoberto sua condição de analfabeto durante toda sua vida, dependendo da esposa para ler para ele. O homem quis que Melanie fosse sua professora, depois da morte da esposa. "Seu disfarce ruiu", conta. Ela o ajudou a fazer um teste para detectar dificuldades de aprendizado, mas a lembrança "ficou comigo".

Seu trabalho como voluntária fez com que voltasse para a realidade. "Tudo bem, as coisas estão ruins, mas pelo menos não sou uma refugiada", como alguns de seus alunos. "Os problemas deles restauraram minha maneira de ver as coisas e me fizeram perceber como eu tinha sorte simplesmente por ter nascido em um bom lugar."

Questionando as escolhas de trabalho e família

As pesquisas mostram que Melanie não estava sozinha ao questionar suas decisões a respeito de trabalho e família. Mais de metade das mulheres em meu estudo acreditava ou suspeitava que havia aplicado a fórmula errada para equilibrar o tempo e as energias entre trabalho e família.

Deixar o trabalho para cuidar dos filhos, como Melanie fez, causa um grande problema para as mulheres de sua geração. Enquanto as mulheres maduras das décadas de 40 e 50 se sentiam melhor a respeito de si mesmas quando saíam do trabalho para o bem da família, as mulheres da geração do *baby boom* não se sentiam assim. Em um estudo realizado pela Fundação MacArthur, Meia-Idade nos Estados Unidos, as contemporâneas de Melanie que abandonaram a carreira em prol da família tiveram menores índices positivos em perguntas relacionadas a gostar de si mesmas e estar satisfeitas com sua vida e com o que haviam conquistado.[5]

O fracasso de Melanie, por não ter conseguido uma boa carreira, continua sendo fonte de tristeza. "Isso sempre será um assunto problemático para mim", conta. Diferentemente de algumas mulheres de meu estudo, ela acredita que é velha demais para dar início a uma nova carreira.

De qualquer modo, sua crise de meia-idade lhe trouxe uma nova onda de paz. Ela reconhece diversos pontos positivos: "Eu me vejo sendo positiva em relação a coisas que estão acontecendo, coisas que faço, interações que tenho. O que mais se pode pedir?" Atualmente, quando conversa, Melanie costuma rir. Mantém a forma com musculação e está planejando iniciar um trabalho voluntário em uma escola de ensino fundamental, ensinando inglês a crianças que usarão o idioma como segunda língua. "Sinto-me mais forte por ter passado por isso. Provei para mim mesma que não vou enlouquecer. Vou me manter centrada."

Melanie encontrou novas maneiras de se relacionar com seu filho, estabelecendo limites na conversa e realizando com ele passatempos simples, como palavras cruzadas. Ela aceitou que seu filho é como é, e não como ela gostaria que fosse. Pediu ajuda para cuidar dos idosos e conseguiu apoio de alguns parentes. "Preciso parar de tentar ser tudo para todos."

Seu casamento foi posto à prova e se mostrou forte para durar. Ela não permitiu que a culpa que sentiu na crise de meia-idade afetasse seu marido, tampouco atrapalhasse o relacionamento, e valoriza muito o marido por ser paciente: "Talvez outra pessoa teria dito: 'Não aguento mais e vou pular fora'. Mas acredito que ele está ao meu lado para uma longa caminhada".

E os dois continuam capazes de se divertir juntos. Depois de dançar com o marido em uma festa de casamento, Melanie impulsivamente sugeriu que eles fizessem aulas de dança juntos. Ele concordou e se matricularam. "Acredito que finalmente ficamos velhos o bastante para não nos importarmos com quem ri de nós."

É importante perceber que nenhuma das circunstâncias dolorosas da vida de Melanie mudou. Mas ela mudou seu modo de reagir a elas, aos poucos. "É o que acontece na vida. Existem mudanças e precisamos nos adaptar a elas. Caso contrário, seremos destruídos por elas", afirma.

"Quando você é jovem, pensa: 'Vou fazer isso e tudo entrará nos eixos'. Mas, aos 55 anos, você já aprendeu que não existe uma maneira perfeita de viver. E talvez seja esse o ponto, a perspectiva que compreendemos na meia-idade."

Notas

[1] George Vaillant, *Aging Well: Surprising Guideposts to a Happier Life.* Nova York: Little, Brown, 2002, pp. 308-10.

[2] Constance Swank, Linda Fisher e Robert Prisuta, "AARP/Modern Maturity Sexualty Study", Associação Americana de Aposentados e NFO Research, Inc., Washington, D.C., 3 de agosto de 1999, p. 24.

[3] Escola de Administração Simmons, Centro de Gêneros nas Organizações, "2003 Leadership Conference Survey Results", Boston.

[4] William Fleeson, "The Quality of American Life at the End of the Century", in Orville G. Brim et al. (orgs.), *How Healthy Are We? A National Study of Well-Being at Midlife.* Chicago: University of Chicago Press, 2004, pp. 257-62.

[5] Deborah Carr, "Psychological Well-Being across Three Cohorts: A Response to Shifting Work-Family Opportunities and Expectations?", in Brim et al. (orgs.), op. cit., pp. 461-79.

8
A Buscadora

Onde Deus está?
Onde o homem permitir que ele entre.
— PROVÉRBIO CHASSÍDICO

Quando comecei minha entrevista com Aimee, do Alabama, suas primeiras palavras responderam uma pergunta que eu não havia feito. "Preciso lhe contar uma coisa desde o início: em nenhum momento de minha crise de meia-idade eu fiz algo maravilhoso, como me mudar para outro país ou passar a ensinar ioga. Não tenho nada para me orgulhar e dizer 'Isso é algo que as pessoas podem aprender comigo'."

O estereótipo comum da crise de meia-idade faz com que as pessoas escalem uma montanha, procurem um guru ou entrem para um convento em busca de sentido espiritual. Como a maioria dos estereótipos, este tem uma parcela de verdade. Aimee e muitas outras mulheres em meu estudo esperavam pela satisfação espiritual e a viam como o melhor resultado possível de uma crise de meia-idade. A Buscadora é o arquétipo desse desejo. Ele guia o desejo profundo da mulher de se ligar a um lado religioso, místico, sagrado e verdadeiro de si mesma.

A Buscadora é o arquétipo mais complexo e prevalente de meu estudo. A busca pela satisfação espiritual era algo essencial para algumas. Apesar de não ser a força dominante para outras mulheres, a Buscadora surgia em um papel secundário, atuando como base para o crescimento, como inspiração para a mudança, como apoio nos momentos difíceis.

Algumas Buscadoras de minha pesquisa se uniram ou se tornaram mais ativas em igrejas, sinagogas, templos ou mesquitas. Outras seguiram por caminhos tradicionais, seguindo mestres espirituais que podem ser alcançados por meio de fitas cassetes, seminários ou Internet. Outras, ainda, tomaram o caminho particular da meditação, da leitura, da oração, protegendo seus relacionamentos com uma força superior ou tradição espiritual.

O surgimento da Buscadora na meia-idade é registrado no estudo realizado pela Fundação MacArthur, Meia-Idade nos Estados Unidos. A pesquisadora Alice Rossi descobriu que o treinamento espiritual e religioso que começa cedo tem um "efeito dormente" nos valores e no comportamento das pessoas que surge com força na meia-idade. No início da fase adulta, pessoas que cresceram em famílias que se importavam com os valores religiosos e espirituais não demonstraram mais preocupação com a sociedade e com o bem-estar da comunidade do que aquelas de famílias diferentes.

A partir dos 40 anos, porém, as pessoas com educação religiosa eram muito mais propensas a reviver esses valores, demonstrando mais preocupação com a responsabilidade cívica e contribuindo para o bem dos outros. Assim, em uma crise de meia-idade clássica, a Buscadora, reprimida no início da fase adulta, ressurge e adota uma nova perspectiva de vida na meia-idade.[1]

A Buscadora surge na cultura e nas pesquisas de diversas maneiras. As mulheres acima dos 40 anos são as americanas mais religiosas, cuja religiosidade dá um salto entre 40 e 55 anos, de acordo com descobertas recentes feitas por um estudo da Gallup. As mulheres da meia-idade têm 14% mais chance que os homens da mesma faixa etária de descreverem a religião como muito importante em sua vida e de frequentar uma igreja ou sinagoga quase todas as semanas ou mais.[2]

As mulheres de meia-idade também foram mais consistentes na ida à igreja. Nos últimos dez anos, enquanto o percentual de homens de meia-idade que vão à igreja com frequência caiu 9%, as mulheres entre 38 e 55 anos se mantiveram firmes na religião.[3] Cerca de metade das mulheres de meia-idade continua a frequentar a igreja pelo menos doze vezes ao ano – é o que mostra o Estudo de Estilo de Vida da DDB, realizado com quatro mil pessoas.

O mesmo padrão se mantém para a espiritualidade de modo geral. Aproximadamente 88% das mulheres entre 45 e 59 anos dizem que a espiritualidade é extremamente importante para elas, em comparação com menos de 72% dos homens.[4] Em seminários religiosos e em igrejas de diversas religiões que tenho frequentado, as mulheres de meia-idade ultrapassam em muito o número de homens nessa idade ou de pessoas de qualquer outra faixa etária. As mulheres também costumam rezar mais que os homens.[5]

A Buscadora molda ainda a saúde das mulheres. A espiritualidade está mais relacionada ao bem-estar físico e psicológico em mulheres do que em homens. Mulheres com boas condições físicas e psicológicas, no estudo da Fundação MacArthur, realizado com 1.465 pessoas, afirmaram que a religião tinha muito mais importância em sua vida, em comparação com as mulheres com saúde mais fraca. Esse padrão foi menos pronunciado no caso dos homens. O envolvimento religioso das pessoas que participaram do estudo foi medido por meio da importância da religião na infância e por meio do fato de contarem com suas crenças espirituais em busca de conforto e orientação. A saúde psicológica foi medida com perguntas sobre autodependência, crescimento pessoal e propósito na vida, entre outras características.[6]

Consciente ou inconscientemente, as mulheres, sem dúvida, sentem o poder da religião e da espiritualidade ao preservarem a boa saúde física e emocional. Existem provas científicas cada vez mais fortes de que a força dessa relação tem sido ignorada.

Os gerontologistas estão estudando cada vez mais o papel da religião no envelhecimento saudável. As conferências e os livros sobre gerontologia já incluem estudos sérios e seminários sobre a relação entre a religião e a boa saúde.

De acordo com Jeff Levin – cientista e escritor de Valley Falls, Kansas, e pioneiro do campo emergente da gerontologia religiosa[7] –, idas frequentes a igrejas e sinagogas e afirmações de religiosidade têm sido relacionadas a elevada autoestima, felicidade e satisfação. Muitas mulheres de meu estudo, incluindo Molly, cuja história será contada neste capítulo, relataram ter experimentado variedades de espiritualidade não tradicional. Entre 1973 e 1988, Levin descobriu um aumento significativo em tal fenômeno, incluindo o *déjà-vu* – sensação de que você já esteve em algum lugar antes, mesmo sendo impossível – e o espiritualismo ou contato com os mortos. Essas experiências, além de ser mais comuns do que eram no passado, estão aumentando entre grupos de pessoas de menos idade.[8] Levin vê "possíveis mudanças em direção a uma nova consciência espiritual" que não necessariamente aparecem em pesquisas e enquetes.[9]

Muitas mulheres em meu estudo obtiveram apoio em tradições religiosas com origem em outras culturas, como o budismo. Com base em um estudo de três anos do Centro Nacional de Pesquisa de Opinião, aquelas que afirmaram ter uma religião diferente do protestantismo, do catolicismo e do judaísmo chegaram a quase 7%, nível mais alto desde que o centro começou seu estudo, em 1972.[10]

Um arquétipo versátil

A Buscadora desempenha diversos papéis na crise de meia-idade. Às vezes, serve como uma base para o crescimento. Leanne, cuja história de ter construído uma das principais empresas de Colorado aparece no capítulo 5, passou um bom tempo à procura de um professor de religião e cuidando de sua espiritualidade. Sua fé deu-lhe coragem para sair do terror do começo da crise de meia-idade e dar início a seus negócios. Assim como Leanne, muitas mulheres se voltaram para a espiritualidade a fim de encontrar apoio emocional e orientação na hora de tomar decisões.

Para outras, a Buscadora surge como uma peça que estava faltando. Algumas mulheres que não afirmaram ter dimensão da crise de meia-idade disseram que a desejavam. Emma, da Califórnia – representante de vendas de quem falamos no capítulo 4 –, nunca encontrou santidade nas buscas espirituais, mesmo quando estava muito ansiosa a respeito de sua mortalidade. "Não sou uma pessoa religiosa. Gostaria de ser. As pessoas parecem obter muito conforto com isso, e sinto inveja delas nesse aspecto", disse.

Minhas descobertas reafirmam o trabalho do psicoterapeuta Carl Jung. Enfatizando que a "religião", como ele a definia, não tinha nada a ver com um credo em particular ou com uma associação a uma determinada igreja, escreveu que a cura na meia-idade é, quase sempre, um processo de encontrar a completude espiritual ou religiosa. Entre todas as centenas de pacientes que ele havia tratado na segunda metade da vida, Jung concluiu: "Em nenhum caso, a última tentativa foi encontrar uma visão religiosa a respeito da vida. É certo dizer que a pessoa ficava mal porque havia perdido aquilo que a religião dá a seus seguidores, e nenhum deles se curou sem readquirir sua visão religiosa".[11]

Entre todas as mulheres de meu estudo, poucas tiveram uma experiência mais profundamente religiosa que Clare. Em seu novo papel de Buscadora, ela foi capaz de se conectar com suas melhores e mais profundas qualidades humanas.

A Buscadora como guia

Para Clare, entrar em um grande hospital público de sua cidade parecia uma viagem de mil quilômetros. Para ser voluntária na ajuda aos pacientes mais necessitados e desesperados, Clare deixou para trás a mulher que tinha sido por quase uma década – cofundadora e diretora de *marketing* de uma próspera empresa de finanças. Incomodada, aos 50 anos, por uma crise de meia-idade, preocupada com sua saúde instável e desesperada com o trágico rumo que sua vida parecia ter tomado, Clare se sentiu desconectada de si mesma e de tudo que fazia sentido para ela.

Clare já tinha se habituado a trabalhar com os grandes influentes dos negócios, pessoas polidas e habilidosas que chegavam a quase todas as reuniões com uma programação. Procurando um sentido mais profundo, ela se candidatou como voluntária em um programa de assistência psicológica ecumênico, que lhe deu treinamento para se aproximar, de maneira pacífica e receptiva, de pessoas de todas as raças, situações e condições.

Mas para ajudar as pessoas que ela encontraria – a paciente que estava morrendo de aids abandonada pela família, o viciado em álcool atormentado por delírios, o viciado em drogas atormentado por vozes internas que quase o levavam ao suicídio –, para refletir de maneira sincera a "presença amorosa de Deus", como ela havia sido treinada para fazer, Clare precisou descer, e muito, para um nível de humildade e vulnerabilidade que ela evitava. Viu-se lutando contra o ímpeto de fugir, contra o medo de que não tivesse valor para poder ajudar os outros.

Entrando no hospital, ela começou um ritual de limpar a mente e de se voltar para dentro de si. Mergulhou as mãos e os braços na água e os lavou com sabão. Esfregando a pele, livrando-se das bolhas e mergulhando as mãos na água quente novamente, Clare imaginou seus problemas desaparecendo e indo embora pelo ralo. Respirou profundamente. "Confie no ritual", disse a si mesma. "Deixe a água fazer seu trabalho."

Descendo o corredor, usou outra disciplina que havia desenvolvido para si. Em vez de seguir seu instinto – e se aproximar apenas de determinados pacientes que pareciam seus amigos, que eram atraentes, tinham cheiro agradável ou pareciam mentalmente saudáveis –, imaginou-se como "um canal pelo qual o amor de Deus pelo paciente se revelaria". Forçou-se a entrar em todos os quartos do corredor, batendo em cada porta onde poderia havia algum paciente acordado. Sem nada nas mãos, entrou em todos os quartos, cumprimentou cada paciente pelo nome e simplesmente falou: "Meu nome é Clare, sou a ajudante da unidade hoje. Decidi passar aqui e ver como você está". Muitos pacientes estavam sedados, fracos ou com muita dor para responder. Outros não falavam inglês. Mas muitos surpreenderam Clare respondendo ao contato dela.

As enfermeiras avisaram que, naquele dia, havia um paciente com pneumonia na ala. Era Forrest, um homem que ela já havia visto na sala de emergência. Ele xingava, gritava e estava muito agitado e desorientado. Vestindo uma máscara cirúrgica, Clare entrou no quarto de Forrest e o encontrou amarrado à cama em quatro pontos.

Tomado por tremores e fazendo força para se soltar, Forrest se lembrou de Clare e a recebeu como quem recebe um bom amigo. Ele implorou que ela o ajudasse a escapar, pedindo que entrasse em contato com um médico do hospital, um tal dr. Rush, que, segundo Forrest, iria soltá-lo. Ele também pediu que ela pegasse uma faca que estava em sua mochila.

Clare se sentou à beira da cama para olhar em seus olhos. "Farei o que puder para ajudá-lo, mas com uma condição: você precisa prestar atenção em mim por três minutos."

Forrest concordou.

Aproximando-se um pouco, seu olhar encontrou o de Forrest. Clare sorriu. "Você vai me colocar em encrenca!" Forrest começou a rir, e o som das risadas encheu o quarto. Para Clare, foi um momento sagrado de ligação, de confiança, de vulnerabilidade. Ela aproveitou mais alguns instantes com Forrest antes de ele voltar a delirar.

Clare cumpriu sua parte no trato. Abriu a mochila apenas para ter certeza de que qualquer faca que estivesse ali já tivesse sido retirada pelos funcionários. Também tentou encontrar o dr. Rush, mas ninguém no hospital conhecia um médico com aquele nome. Cumprindo sua promessa, deixou um bilhete para o "dr. Rush" sobre a mesa da sala dos funcionários.

Naquele dia, ela deixou o hospital com uma sensação de gratidão. "Para mim, ser a presença amorosa de Deus para um paciente é fazer uma conexão. É algo muito específico. Ao fazermos isso, sentimos reconhecimento. É sempre um presente mútuo."

Um caminho espiritual mais profundo

Clare era membro da igreja havia mais de uma década, mas seu trabalho voluntário como ajudante foi um novo caminho para encontrar o rumo de volta a si mesma. Sua crise de meia-idade a levou a uma compreensão mais aprofundada de seus valores religiosos.

Mulher vibrante, de cabelos pretos e sorriso radiante, Clare teve uma carreira maravilhosa. Economista com Ph.D. pela Universidade da Califórnia, trabalhou com a ONU como assistente durante uma seca na África. Tinha passado poucos anos, na faixa dos 30, trabalhando como atriz e cantora profissional de teatro; um grande crítico de teatro disse que ela era "perfeita, uma mistura sublime de rosto e voz".

Em uma rápida fuga das artes, Clare se tornou diretora de uma empresa de consultoria que realizava estudos para o Congresso, uma atividade criativa que ajudou a reduzir os custos do governo sem cortar os serviços.

Mas a última parte de sua jornada profissional – uma atuação de oito anos como cofundadora de uma empresa de serviços financeiros – foi tão repressiva que acabou gerando uma crise de meia-idade, quase arruinando sua saúde. O começo foi um grande sucesso, chegando à lista das quinhentas melhores empresas do país. Mas Clare se perdeu nas pressões de fundar, dirigir e gerenciar *marketing* e vendas. "Não gosto de vender. Não gosto! Mas o que eu fiz durante dez anos? Eu era vendedora de linha de frente. Eu era boa nas coisas que não gostava de fazer, e me tornei refém de meu talento."

A pressão incessante pôs fim à sua alegria na vida. Ao lutar para chegar a um consenso com seus sócios, via suas ideias sendo vetadas pelo grupo. Surgiram disputas sobre assuntos importantes. Com o passar do tempo, Clare foi se distanciando de tudo que tinha importância em sua vida – seus filhos, seu marido, seus amigos, seu corpo, ela mesma.

Aos 50 anos, as pressões haviam prejudicado sua saúde. Ex-dançarina, Clare passou a sentir dores no pescoço e na lombar, além de perder toda a flexibilidade. Não dormia bem e sempre estava resfriada. Mas "as coisas estavam se acumulando tão rápido e furiosamente" no trabalho que ela não pensou em procurar um médico.

Um dia, antes de uma grande apresentação de *marketing* na costa leste, ela chegou a outro ponto ruim: não conseguia calçar os sapatos. "Meus pés estavam inchados, meu rosto, abatido", conta. Tentou pensar em uma maneira de colocar os pés inchados dentro dos sapatos. Depois da apresentação, passou a viagem de volta vomitando no banheiro do avião.

Seus amigos tentaram lhe dizer que ela estava se doando demais à empresa – tempo demais, paz de espírito demais. Por fim, abandonou a companhia.

Disposta a se reconectar consigo mesma e com os outros, Clare começou a se chamar de "empreendedora em recuperação". Certo dia, lavando louça em um acampamento para crianças, ficou sabendo sobre um programa ecumênico de assistência no hospital de sua região. Naquela mesma semana, enviou seu currículo.

Ela contou ao pastor que dirigia o programa que estava procurando um antídoto que curasse os efeitos de seus dez anos vividos como mulher de negócios. Queria uma conexão mais autêntica com as outras pessoas. "Nos últimos dez anos, comecei todos os meus relacionamentos com uma programação. Mas dessa vez vou tirar uma ligação criativa, uma cura."

Ao saber que ela planejava ser voluntária, um amigo começou a rir sem parar: "Se eu estivesse morrendo no hospital, a última pessoa que gostaria de ver seria você", ele disse. Ao ver que ela havia ficado magoada, ele tentou explicar que pensava que uma ajudante de hospital tinha de ser calma e controlada.

"Sejamos francos", ele disse. "Se eu tivesse de descrevê-la, o adjetivo 'tranquila' não estaria na lista."

Mas o programa de treinamento de quatro semanas ensinou a Clare maneiras de se conectar com os pacientes em qualquer circunstância. O programa fazia com que ela fosse a diversas alas de hospitais públicos da cidade: a ala da psiquiatria, da aids, da UTI, da sala de emergência.

Aprendeu a escutar de maneira ativa, a demonstrar empatia sem julgar, a evitar tentar controlar as conversas, "consertar" ou mudar os pacientes. Os ajudantes tinham de "acompanhar o paciente em sua jornada, sem julgar, sem opinar. Os ajudantes não devem tentar converter ninguém".

Em seu trabalho, Clare percebeu que recebia muito mais do que dava. Aprendeu a rezar com uma nigeriana magra que havia chegado aos Estados Unidos para tratar uma rara doença de pele, deixando os três filhos pequenos com o pai. Chorando, ela disse a Clare que não esperava ver o marido e os filhos de novo.

Confortou uma mulher de 42 anos, viciada em drogas, que havia contraído aids cinco anos antes. Claire a ouviu falar por horas, entre soluços, sobre como amava a família em Michigan e como eles, a princípio, a haviam ajudado com sua doença. Depois, quando souberam que se tratava de aids, telefonaram para a polícia e a expulsaram de casa. "Ela passou a noite na cadeia, pois não havia outro lugar onde pudesse ficar", conta.

Outro paciente ficou surpreso quando Clare levou a sério sua conversa sobre espiritualidade. Ele dissera que tinha se internado no hospital para não se matar. Seus demônios internos não o deixavam em paz e ele não conseguia aguentar aquele tormento. Por ter sido criado frequentando a igreja, ele sempre conversava com Deus. "Ele estava acostumado a ser tratado como um maluco e ficou totalmente espantado por eu ter visto sua busca como um dom espiritual. Conversamos sobre o fato de ele ser um 'solitário' e de nunca ter se beneficiado com disciplinas já testadas" da espiritualidade.

A ligação com os menos afortunados fez com que ela aprendesse muito. "Compreendo com mais clareza agora o quanto eu quero viver um relacionamento verdadeiro" com os outros, livre de motivos mesquinhos e distorções por competição.

A Buscadora abriu para Clare as portas para novas buscas. Ela se recuperou dos quinze anos trabalhando em escritório, entrou em forma e passou a gostar novamente de seu corpo. "Eu era uma mulher de 35 anos, razoavelmente em forma, e me tornei uma mulher de 50 muito sedentária."

Ela se matriculou em um curso de dança de *jazz-blues*, peça principal para a sua cura. O professor, um homem que ela conhecera na igreja havia anos, motiva os alunos a "confiarem na música, a estarem presentes na paixão pela música. Dançar é uma expressão artística para todos nós, independentemente de nosso nível", ele dizia. "Chorei depois da primeira aula. Simplesmente chorei. Eu me lembro de ter pensado: 'Meu Deus! Eu senti muita falta disso, da parte física, da expressão'", Clare conta.

O serviço no hospital e a dança marcaram um ponto de virada. Assim, "eu retomei a consciência de que não podia ser refém de coisas que não me faziam bem".

Clare criou um evento em sua igreja que obteve tanto sucesso que se tornou uma tradição. Por meio dele, entrou em contato com um grupo de atores e diretores, unindo-se a eles em uma produção anual para arrecadar fundos, na qual ela cantou e dançou no palco. Descobriu um talento para a redação e está escrevendo uma peça com base nas mulheres de sua aula de dança. Trabalhou como *freelancer* fazendo a promoção de um diretor de filmes independente, cujo trabalho ela admira. Também entrou para um grupo sem fins lucrativos que dá aulas de educação artística em escolas públicas.

Clare está novamente trabalhando, mas sua crise de meia-idade transformou seus critérios em relação ao trabalho. Sua posição atual como diretora de uma organização sem fins lucrativos permite que ela realize o trabalho que ama. "Estou muito mais ligada naquilo que o trabalho representa para mim. Sou capaz de ser autêntica enquanto o realizo? Sinto orgulho dele? Estou dando uma contribuição positiva? Ele contribui para deixar o mundo mais feliz?" Em seu trabalho atual, todas as respostas são "sim". "Tudo o que eu 'vendo' agora são boas ideias sobre como tornar o mundo um lugar melhor", conta.

Se – e somente se – o trabalho satisfazer esses critérios espirituais, Clare se dedica para realizá-lo.

Muitas mulheres de meu estudo enfrentaram problemas de saúde, assim como Clare, propiciando uma crise de meia-idade. Algumas passaram não apenas por uma mudança na direção da vida, mas por uma transformação total da filosofia de vida. No caso de Kate, a Buscadora serviu como apoio para uma mudança essencial.

A Buscadora como salvação

Kate passou pela primeira parte de sua vida adulta como um trem-bala. Controlando uma empresa nos Estados Unidos, ela trabalhava noventa horas por semana como consultora de empresas inovadoras.

Adorava ambiguidade, resolver questões complexas e abrir novos caminhos por território desconhecido. Desenvolveu novas redes de distribuição, elaborou novas estratégias de *marketing*, realizou parcerias com empresas. Em todos os casos, procurava controlar tudo que estava diante dela. "Aparecia um turbilhão na minha frente e eu precisava colocar tudo em ordem."

Kate entrava em aviões sem pensar, viajando cinco dias por semana. Ela e o marido, um gerente de vendas, às vezes passavam meses distantes um do outro. "Meu marido dizia que meu trabalho vinha em primeiro, segundo, terceiro, quarto e quinto lugar em minha vida, e ele se sentia bem abaixo dele. Eu não tinha energia para o casamento. Era consumida pelo trabalho."

Aos 38 anos, o trem-bala de Kate foi de encontro a uma parede. A notícia surpresa de que ela estava grávida fez com que diminuísse o ritmo, tendo de ficar em repouso em casa, em Illinois, nos Estados Unidos. O casal havia tentado ter filhos anteriormente, mas não conseguiu e desistiu. Enquanto lutavam para se ajustar, o nascimento de gêmeos fez com que Kate abandonasse o mercado de trabalho.

Logo depois, ela e o marido sofreram uma série de perdas. Uma de suas filhas recebeu o diagnóstico de uma deficiência, o sogro de Kate faleceu, a mãe dela teve câncer. No meio desse turbilhão, o marido se separou dela, mas voltou seis meses depois. Em um golpe final, Kate recebeu o diagnóstico de esclerose múltipla, uma doença que não causaria deficiências naquele momento, mas poderia causar mais tarde.

Lutando para enfrentar tudo isso, Kate passou a analisar seu passado. O câncer de sua mãe, que é extremamente ativa e inquieta, tanto quanto ela, fez com que Kate questionasse seu ritmo de vida. Passou um tempo fazendo terapia para analisar como seu estilo de vida havia afetado seu casamento e questionando suas prioridades. "Será que sair de um emprego e entrar em outro, por ser emocionante, é a melhor coisa que eu faço pelos outros?

Não acho que é saudável para o casamento, e consome muito de mim", Kate conta.

Ela nunca tinha se visto como uma pessoa espiritualizada. Quando seus pais a matricularam no curso de crisma, aos 12 anos, entrou em um acordo com eles. "Não acredito em Deus, por isso acho que não preciso ser crismada", disse a eles. Seus pais concordaram que ela tivesse a liberdade de tomar essa decisão, mas apenas depois de fazer várias aulas de crisma. "Fiz as aulas e disse, ao final: 'Elas não mudaram minha opinião'. Assim, não precisei ir para a igreja."

Foi preciso uma crise de meia-idade para colocá-la em outro caminho. Seguindo o conselho de uma amiga, Kate passou a fazer meditação e começou a ler livros sobre espiritualidade, escritos pelo monge Thich Nhat Hanh. Com os dois filhos de 3 anos, pratica caminhada com meditação. Está treinando a si mesma para evitar controlar as pessoas e o que estiver ao seu redor, "tentando moldar as coisas para que elas fiquem da maneira como eu acho que deveriam ser", conta.

Em contraste com seu passado, "esta é uma jornada definitivamente espiritual para mim", diz. Kate vê "algumas forças cármicas que estão tentando fazer com que eu me concentre no que é importante e no que nunca prestei atenção". O nascimento dos filhos, o problema conjugal, os problemas de saúde, tudo, Kate concluiu, fez parte de um plano maior para acordá-la, fazer com que ela se tornasse mais saudável na maneira de viver, parando de querer controlar tudo.

Tudo isso a ajudou a ir mais devagar e a aproveitar cada momento. "Tenho sentido a mente mais tranquila", conta. "Meu objetivo é conseguir viver confortavelmente com o caos."

Seus estudos espirituais a ajudaram a compreender melhor seu marido, um taoísta praticante. E isso abriu caminho para um futuro mais esperançoso: ter filhos saudáveis e felizes. Ela espera criá-los com um estilo de vida mais equilibrado e saudável em

171

relação ao que teve em sua juventude. "Espero continuar por um caminho mais confortável comigo mesma e mais confortável com o que vier em seguida, deixando as coisas fluírem naturalmente e aceitando-as da forma que elas acontecerem, me sentindo feliz com isso."

Apesar de a crise de meia-idade de Kate ter feito com que ela passasse a viver de maneira mais contemplativa, a energia transformadora da Buscadora também pode se ramificar em objetivos não relacionados à religião. A história de Molly mostra o que pode acontecer quando uma mulher profundamente espiritualizada procura caminhos fora da religião em sua crise de meia-idade.

Reprimindo a Buscadora

Desde quando se lembra, Molly sonhava em levar uma vida monástica. Queria ser freira desde o primeiro momento em que entrou em uma escola católica de ensino fundamental, em Illinois. Em uma foto de sua formatura da quarta série, ela estava segurando uma boneca, uma freira. "Eu queria ser uma santa ou mártir e dar minha vida à Igreja", conta. Em uma brincadeira infantil chamada Céu e Inferno, ela fazia o papel de são Miguel, salvando as outras crianças de demônios que queriam devorá-las, membro por membro.

Filha do meio de uma grande família, Molly, ainda jovem, teve que tomar conta de um irmão mais novo, portador de síndrome de Down, protegendo-o para que nunca ninguém risse dele ou o humilhasse. "Fomos criados com o princípio de que era nossa obrigação impedir que as pessoas fossem tratadas injustamente por causa de suas deficiências", conta. Assim começou sua vida como salvadora dos menos afortunados.

Uma crise de febre reumática, aos 9 anos, fez com que ela passasse meses em seu quarto, acostumando-se com a solidão. "Eu tinha de ficar sentada observando todos brincarem e irem para a escola. Fiquei um ano apenas observando. Isso causou uma grande mudança em mim", diz. Quando entrou na adolescência, Molly estava determinada a se tornar freira. Mas, na primeira de diversas decisões parecidas em sua vida, ela deixou de lado suas aspirações religiosas, seguindo o conselho dos adultos e começando a lecionar.

Suas escolhas no início da vida adulta a colocaram em um caminho espiritual distinto. Alta, bonita e loira de olhos azuis, se sentiu atraída na faculdade por John, um rapaz que desempenhava o papel de professor espiritual. Carismático e muito experiente, John frequentava as reuniões de alunos na universidade em que Molly estudava, falando sobre assuntos que variavam desde filosofia até o *I Ching*. Os alunos se reuniam ao redor dele para ouvi-lo, e Molly ficou muito interessada: "Eu sentia que era meu destino estar com ele". John lhe ensinou grego, liam juntos os clássicos da literatura e estudavam o texto original do Novo Testamento.

Estranhamente, o relacionamento dos dois não envolvia sexo. Molly soube, tempos depois, que John era homossexual. Mas o abismo sexual entre eles importava menos para ela do que a união espiritual que compartilhavam, e John foi seu parceiro por 22 anos. Molly diz que nunca quis se casar e ter filhos. "Acho que nasci para cuidar do mundo todo, e não apenas de uma única família."

Seu relacionamento com John lhe deu algo "muito diferente do que a maioria das mulheres tem. Ele alimentava minha alma. Depois de um tempo, o sexo não importava. Sempre quis ser uma freira. E ali estava eu com aquela pessoa profundamente espiritualizada com quem eu conversava sobre as ideias de Platão, sobre coisas filosóficas e espirituais."

Molly lecionou por pouco tempo, e então se mudaram para a Califórnia. Com o incentivo de John, conseguiu diversos empregos com bons salários em grandes empresas. Como casal, eles abriram uma bem-sucedida empresa de consultoria. Molly aprendeu a lidar com as situações mais intimidantes, olhando nos olhos de diretores para fechar negócios e cuidando dos relacionamentos com clientes. John entrou para a Igreja Católica e se tornou decano. Juntos, ministravam para pessoas doentes e para aquelas que estavam à beira da morte, em um grande hospital da cidade.

A crise de meia-idade de Molly começou aos 41 anos, com a morte prematura de John, que sofria de câncer. Durante um ano, ela se ocupara dos cuidados dedicados a ele. Tomado pela dor, John frequentemente ficava acordado e deixava a luz do quarto acesa a noite toda; Molly ficava a seu lado, dormindo pouco. Na fase final da doença, no hospital, Molly passava tanto tempo ali que os funcionários pensavam que ela era uma enfermeira particular. Ela comprou lápides em uma promoção de duas pelo preço de uma e mandou gravar seu nome na outra peça.

Enquanto sofria pela morte de John, seu sonho de se tornar freira mais uma vez tomou seus pensamentos. Quis entrar para um mosteiro carmelita perto de sua cidade. Às vezes, visitava a comunidade de quinze freiras e ficava sentada, escutando todas cantarem e pensando sobre como seria sua vida ali.

Mas, mais uma vez, Molly mudou de ideia. Em uma de suas muitas conversas sobre o pós-morte, John disse: "Vou olhar por você".

"Acredito que vou me tornar uma carmelita. Quero ser uma freira enclausurada", Molly dizia a ele. E John respondia: "Isso é muito interessante, mas não faça nada drástico por um ano. Não se mude. Não entre para o convento. Simplesmente continue o que está fazendo por um tempo. Continue com seus negócios".

Molly se sentiu frustrada. Tinha muitas economias de seus muitos anos de trabalho árduo. Mas prometeu que seguiria a orientação de John. Realizou um grande funeral na catedral, presidido por bispos e com centenas de pessoas presentes, desde desabrigados que John havia ajudado a oficiais de renome na igreja. Do mesmo modo que sua vida, os rituais na morte de John foram marcados por uma aura mística.

174

Uma mulher sem-teto entrou na catedral durante o velório, caiu chorando de joelhos diante do caixão de John e começou a rezar. Quando Molly se aproximou, a mulher lhe explicou que estava na beira de uma estrada próxima, preparando-se para cometer suicídio, atravessando entre os carros em movimento. Foi atraída à catedral e teve a visão de um rosto, de um homem barbado com cabelos longos que se parecia com Jesus. Ele falou com ela de maneira consoladora e lhe garantiu que tudo ficaria bem.

O homem que ela descreveu era exatamente como John.

Ataque de Fúria na meia-idade

Sem a forte influência de John, os sonhos e os desejos reprimidos de Molly começaram a ressurgir com muita força. Ela cumpriu a promessa que fez a ele, continuando com seus negócios por um ano. Depois, os abandonou para trabalhar em uma grande empresa, em posição de destaque.

Mas, em todos os outros âmbitos, sua energia diminuiu. Encontrou algumas cartas de um antigo namorado do ensino médio que ainda morava perto de Illinois. Criou coragem, telefonou para ele durante uma visita que fez a sua família no feriado de Ação de Graças e iniciou um intenso romance.

Para Molly, foi como retomar a leitura de um livro interessante que ela havia deixado de lado, duas décadas antes. "Ter alguém interessado em mim sexualmente me deu a sensação de que eu explodiria. Despertei tudo que existia dentro de mim e que não tinha expressão há vinte anos." Ela escreveu páginas e páginas de cartas sobre seu amor e, então, um livro inteiro. Seu amante disse que ela não havia mudado; ela sonhava com ele o tempo todo. "Era como se eu estivesse vivendo um conto de fadas."

No entanto, o relacionamento logo desmoronou, devido ao peso das projeções pessoais dos dois amantes. Animada, Molly só conseguia ver o que queria em seu velho amigo – escondendo suas incompatibilidades. O rompimento, apesar de ter sido muito doloroso, permitiu "retomar aqueles sentimentos de menina, algo que foi muito importante para meu rejuvenescimento. A ideia do romance, mesmo quando não dá certo, é muito esperançosa. E a esperança é algo importante", diz.

Molly entrou de cabeça em outras buscas. Sentada com amigos em um dos cafés onde o poeta Allen Ginsberg havia se tornado famoso, ela reuniu a coragem necessária para ler sua poesia. Ser ouvida e elogiada por seu trabalho era emocionante.

Sua crise de meia-idade teve momentos cômicos. Inspirada pela paixão que um amigo tinha por motocicletas, Molly comprou uma Harley, uma moto grande de 880 cilindradas. Conseguiu permissão para dirigir, comprou botas, capacete e óculos, subiu na moto e foi para a estrada. A moto de 226 quilos caiu em seus pés, abrindo um corte grande o suficiente para exigir uma injeção antitetânica. Depois disso, um amigo a ensinou a pilotar a moto em um estacionamento vazio até que ela aprendesse.

Entrou para um clube, o Fog Hogs, e viajou pelo interior da Califórnia com grupos de vinte motociclistas. Pensou que o passatempo a ajudaria a conhecer muitos homens interessantes em crise de meia-idade – os médicos e advogados motociclistas sobre os quais havia lido no jornal. Ficou desapontada quando se viu entre homens que ela considerava caipiras – homens que mascavam tabaco e passavam o tempo parados cuspindo no chão. "Sair com eles seria como beijar um cinzeiro", Molly lamentou. "Nunca vi um daqueles profissionais sobre os quais havia lido."

Afastando a solidão

Quando sua mãe faleceu um ano depois de John, Molly ficou ainda mais brava pela segunda perda. Começou outra aventura, como diretora e atriz de um grupo de teatro da região. "Eu estava saindo com pessoas malucas, ficando acordada a noite toda. Estava meio fora de controle", diz. Preencheu sua vida com amigos mais jovens para tentar lidar com sua solidão.

Começou a se consultar com uma psiquiatra depois de muita insistência por parte de uma amiga e começou o difícil trabalho de resolver suas perdas. "Uma das maiores lições da crise de meia-idade é que não podemos ter medo de ficar sozinhos, de ficar sozinhos com nossos pensamentos", diz.

Enquanto isso, as correntes da vida continuavam afastando Molly de seu sonho de levar uma vida monástica. Fez testes para entrar na faculdade de direito. Uma amiga lhe mostrou um panfleto sobre o curso e ambas concordaram: "Vamos fazer esse curso! Nós fizemos o teste e eu consegui uma pontuação muito alta", Molly conta. Sua empresa aceitou pagar metade de sua mensalidade, então ela se matriculou e se formou.

No trabalho, conheceu um advogado de sua empresa com quem teve um caso, um homem conservador e educado da costa leste, com ótima formação e que era "histericamente engraçado". Molly o convidou para sair e os dois começaram a namorar. A vida sexual deles, no começo, era uma loucura.

"Ele achava que deveríamos nos casar. 'Por que não?', eu disse. Nunca fiz isso antes", ela conta. Mas Molly percebeu quase no mesmo instante que o casamento lhe impunha restrições das quais ela não gostava. Cinco anos depois, o tesão não é mais o mesmo, mas eles estão tentando manter uma vida em comum. "Não acredito que me casei", ela diz. Olhando para trás, se arrepende por não terem vivido juntos apenas, na mesma casa, um acordo que teria causado menos prejuízo à sua independência.

Enquanto Molly atravessava sua crise de meia-idade, ela conta: "Sempre lembro que tenho uma mente e um espírito que se tornaram muito mais importantes para mim do que meu corpo". Ela ainda sente vontade de realizar um sonho diferente, o qual tem deixado de lado. Sonha em fundar um retiro para que as pessoas possam utilizá-lo como um santuário para a renovação espiritual e criativa.

O que teria acontecido se Molly tivesse seguido seu primeiro sonho e tivesse se tornado uma freira carmelita? Ela foge, dizendo que não quer parecer egoísta. Quando insisto, ela responde que os anos que passou sofrendo pela morte de John e pela de sua mãe, lutando com diretores e sentindo as decepções da vida a tornaram durona. Assim, Molly acredita que daria muita força a uma existência monástica.

"Essa intensidade que tenho dentro de mim e que mantém todas as chamas acesas teriam me transformado em um tipo de visionária", diz.

Analisando suas decisões de meia-idade, Molly se lembra de uma lenda arturiana sobre o mágico Merlin, contada pela autora Mary Stewart em uma série de livros. Merlin, um jovem frustrado por sua incapacidade de se apaixonar, procura orientação e recebe o conselho de se sentir satisfeito com o dom forte que recebeu, como feiticeiro. Talvez, segundo Molly, a lição em sua experiência seja a mesma: "Os deuses só dão um dom por vez".

Seguindo a Buscadora

Molly não recebeu incentivo para viver uma vida religiosa. Em vez disso, seus entes queridos sempre construíram obstáculos no caminho de seu interesse. Se Molly tivesse permitido que a Buscadora emergisse com força em sua meia-idade, poderia ter tomado outro rumo.

Existem poucos caminhos marcados na cultura de hoje para as mulheres guiadas pela Buscadora. Pelos parâmetros convencionais, a participação na religião – definida como um sistema institucionalizado de atitudes, crenças e práticas que molda o relacionamento de uma pessoa com Deus ou com o divino – está caindo. A porcentagem de americanos que afirmam não ter religião definida cresceu para aproximadamente 14%, comparando-se com os 9% de uma década atrás.[12]

No entanto, o parâmetro de religião não engloba muito o que as mulheres em meu estudo chamam de espiritualidade – ou seja, o estado de ser dedicada a Deus, aos valores divinos, espirituais ou sagrados, em contraste com os materiais ou não religiosos. Muitas mulheres disseram que medem sua espiritualidade por encontros pessoais com Deus ou com uma força maior, ou pela crença em uma verdade maior ou mais divina. Em vez de sentirem o contato ou a união com um ser sagrado passam a procurar orientação ou outra forma de experiência religiosa ou mística. Algumas encontram sentido religioso no ativismo social e ambiental, como Clare.

A crise de meia-idade despertou esses desejos espirituais em muitas mulheres, causando uma faísca espiritual pela primeira vez. "Não sei se Deus conversou comigo nos primeiros 42 anos, mas, nos últimos dois, mantivemos um diálogo constante", afirma Hilary, uma empresária do Colorado, cuja experiência é a mesma das outras.

Uma minoria de mulheres em meu estudo descreveu ter sido profundamente afetada em dado momento por algum tipo de experiência ou voz religiosa ou espiritual. Além de trabalhos clássicos do budismo, do taoísmo e de outras religiões orientais, algumas citaram livros como *A profecia celestina*, de James Redfield, cujo tema é orientação mística acessível à vida de todas as pessoas, e *Noites escuras da alma*, de Thomas Moore, com ênfase na importância espiritual dos momentos de crise da vida. Esses são exemplos de livros que foram importantes em suas vidas.

Até que melhores parâmetros sejam desenvolvidos para as experiências religiosas contemporâneas, ninguém saberá ao certo como é forte o papel que a Buscadora está desempenhando para moldar a geração atual de mulheres. Mas, se meu estudo pode ser um indicador, é um papel extremamente forte, de fato.

Notas

1 Alice S. Rossi, "Social Responsibility to Family and Community", in Orville G. Brim et al. (orgs.), *How Healthy Are We? A National Study of Well-Being at Midlife*. Chicago: University of Chicago Press, 2004, pp. 569-71.

2 Lydia Saad, Pesquisa Gallup, estudo original realizado pela Organização Gallup, Princeton, 22 de setembro de 2004. Memorando por *e-mail*.

3 Estudo de Estilo de Vida da DDB, DDB Worldwide, Chicago, análise original de dados longitudinais, 16 de setembro de 2004. Memorando.

4 Constance Swank, Linda Fisher e Robert Prisuta, "AARP/Modern Maturity Sexualty Study", Associação Americana de Aposentados e NFO Research, Inc., Washington, D.C., 3 de agosto de 1999, p. 24.

5 Jeff Levin e Robert Joseph Taylor, "Age Differences in Patterns and Correlates of the Frequency of Prayer", *The Gerontologist*, vol. 37, 1997, pp. 75-88.

6 C. D. Ryff, B. H. Singer e K. A. Palmersheim, "Social Inequalities in Health and Well-Being: The Role of Relational and Religious Protective Factors", in Brim et al. (orgs.), op. cit., pp. 110-12.

7 Jeff Levin, "Religion", in *The Encyclopedia of Aging*, 4ª ed. Nova York: Springer Publishing, 2006.

8 Idem, "Age Differences in Mystical Experience", *The Gerontologist*, vol. 33, 1993, pp. 507-13.

9 Idem, 13 de setembro de 2004. Memorando por *e-mail*.

10 T. W. Smith e S. Kim, "The Vanishing Protestant Majority", in GSS Social Change Report 49, Centro Nacional de Pesquisa de Opinião, Universidade de Chicago, julho de 2004, p. 14.

11 Carl Jung, "Psychotherapists or the Clergy", in *Modern Man in Search of a Soul*. Nova York: Harvest Books, 1955.

12 Smith e Kim, op. cit., p. 14.

PARTE 3

Conectando-se na meia-idade

9
Compartilhando conhecimento

> Aqueles que não aprendem com a história
> estão fadados a repeti-la.
> – GEORGE SANTAYANA

Uma das realidades ruins da crise de meia-idade é que você não consegue ver o que está acontecendo, porque está se afogando em emoções. Distinguir entre o crescimento pessoal e o caminho para a perdição pode ser quase impossível.

Mas muito está em risco. A maneira como uma mulher passa pela crise de meia-idade tem um efeito profundo na qualidade de sua vida na terceira idade. Seu sucesso em reintegrar os arquétipos perdidos nessa fase molda suas chances de encontrar paz e realização nos anos mais adiante. Cada um dos arquétipos, com base em diversos estudos de longo prazo sobre envelhecimento, corresponde a características específicas e a comportamentos que melhoram a saúde e o bem-estar da mulher na terceira idade.

Aprendemos muito com a crise de meia-idade. Mas a cultura contemporânea não tem uma maneira comum e padrão de dividir, de mulher para mulher, de mãe para filha, de pai para filho, a sabedoria que adquirimos nessa situação. Na verdade, a maioria das mulheres se sente mais isolada nesse estágio. Quase todas as mulheres de meu estudo acreditavam estar sozinhas em seu conflito de meia-idade, apesar de grande evidência do contrário.

183

Dar mais valor à narrativa é uma maneira de afastar esse isolamento. Ao reunir as histórias que reconto neste livro, consegui transformar minha visão a respeito do potencial gerador criativo desse estágio da vida. Este capítulo conta as histórias de quatro veteranas da crise de meia-idade que envelheceram e que puderam compartilhar o conhecimento a respeito das escolhas feitas na meia-idade.

Criar maneiras novas e sistemáticas de nos reunir para contar nossas histórias é outro antídoto para o isolamento. Este capítulo mostra a importância de criar grupos e organizar retiros, com o intuito de passar adiante mais sabedoria a respeito do turbilhão da meia-idade.

Uma fórmula para o bem-estar

Ao integrar os arquétipos da crise de meia-idade, a mulher pode trazer à tona atributos particulares associados a uma vida longa e feliz, como identificados por quatro estudos importantes a respeito do envelhecimento: o Estudo da Freira, com 678 irmãs católicas; o Estudo da Fundação MacArthur sobre Envelhecimento Bem-Sucedido; o Estudo de Harvard sobre o Desenvolvimento Adulto; e o estudo de doze anos realizado por William Sadler, professor de administração e sociologia da Faculdade Holy Names, em Oakland, na Califórnia. Alguns desses traços e comportamentos, e o relacionamento deles com os arquétipos, são descritos com mais detalhes no Anexo C.

Muitos benefícios são bem claros. A Amante desenvolve os relacionamentos mais íntimos e o cuidado com as outras pessoas ligadas ao bem-estar na terceira idade. A Líder incentiva os riscos, a autonomia e a iniciativa associada ao envelhecimento saudável, além de conduzir um trabalho mais significativo.

A Aventureira constrói o condicionamento físico, é receptiva a novas ideias e experiências e é capaz de sentir a alegria que nos mantém jovens. A Artista também explora nossa capacidade de sentir alegria e de brincar, além da autonomia, da conexão com a comunidade e da capacidade de se envolver em trabalho significativo. A Jardineira incentiva a conexão com a comunidade, se preocupa com as outras pessoas, é capaz de se divertir com conquistas do passado e se preocupa profundamente com os outros e com o mundo a seu redor. Por fim, a Buscadora constrói a espiritualidade interna, a receptividade a novas ideias, o otimismo e a esperança que se relacionam ao bem-estar entre as pessoas idosas.

Aprendendo com nossa história

As histórias a respeito das vidas das outras pessoas podem ser valiosíssimas para que entendamos como e por que os arquétipos surgem dentro de nós. Por meio dos relatos, transmitimos a sabedoria a respeito da crise de meia-idade. Assim, podemos comunicar conhecimento não dito que, de outra maneira, dificilmente seria discutido. Assim como podemos passar as emoções de nossas histórias, também podemos transmitir o que as palavras não dizem. E o relato dá exemplos vivos a respeito de como lidar com um desafio, mostrando às pessoas como vivemos, em vez de apenas dizer.

Segundo Melanie – apresentada no capítulo 7 –, quando as mulheres aprendem com as histórias das outras, "é como passar uma receita a outra pessoa. A qualquer momento, essa mesma receita pode estar sendo feita em Chicago ou em Portland por alguma outra mulher. É uma esperança que todas temos: de que a essência de nosso ser tenha impacto em outras partes".

Para captar histórias completas a respeito da crise de meia-idade, vistas pelas lentes claras de quem já passou por ela, procurei diversas mulheres mais velhas, na faixa dos 50, 60 e 70 anos, que já haviam passado por crises de meia-idade há mais de uma década. Perguntei a elas como suas decisões nessa fase haviam moldado sua experiência na terceira idade e o que fariam de diferente se pudessem.

Sem exceção, as mulheres que criaram grandes mudanças na meia-idade disseram que, se tivessem chance novamente, se dedicariam às novas atividades com ainda mais comprometimento. Todas as mulheres que haviam entrado completamente na crise da meia-idade, assumindo riscos e explorando novas oportunidades, se sentiam extremamente felizes por isso. Seu único arrependimento era não ter começado as mudanças antes ou não ter assumido mais riscos.

No mínimo, cada uma dessas mulheres obteve lembranças que duraram anos. Amanda abandonou sua carreira como professora de matemática aos 43 anos para voltar à faculdade como candidata a um mestrado, depois foi atrás do sonho antigo de recriar vasos da dinastia Sung, da China. Seu trabalho com cerâmica a levou a fazer grandes descobertas a respeito da estrutura de determinadas formas minerais. Esse trabalho é o alicerce de seu senso de identidade pessoal.

Aos 64 anos, atualmente, Amanda ainda se diverte com essas lembranças. "Sempre que me sinto triste, penso no passado", diz. "As pessoas que escalam o monte Everest o fazem uma vez. Você não espera passar a vida inteira comendo cogumelos mágicos. Não espera passar a vida inteira em comunhão com Deus."

"Tive meu momento com Deus", conta. "E foi o suficiente."

Os únicos grandes arrependimentos que identifiquei foram entre as mulheres de Início Adiado – aquelas cujos medos as impediram de realizar mudanças.

O maior erro, ao que parece, é não ter uma crise de meia-idade.

Uma vida completamente nova

A crise de meia-idade de Marilyn, aos 48 anos, trouxe tantas mudanças compensadoras em sua vida que, aos 71, mal consegue esperar pelo começo de um novo dia.

Tudo começou com um seminário de autoconhecimento nos anos 70. Marilyn, naquela época, estava casada havia trinta anos com seu namorado do colégio, um homem que esperava passar uma vida tranquila. Treinada desde a infância para ser positiva e afastar a raiva a todo custo, Marilyn cresceu fingindo gostar de coisas das quais não gostava, a fim de agradar aos outros. Interpretou o papel da esposa feliz por anos. Fora de casa, seu trabalho se reduzia a organizações sem fins lucrativos.

Esse papel não a satisfazia. Em sua insatisfação, teve um caso extraconjugal. "Eu era como um cavalo no cabresto o tempo todo."

O seminário, sugerido por uma de suas filhas universitárias, fez com que ela se deparasse com sua realidade. "Eu via a mim mesma como se estivesse diante de um espelho circular, observando todos os meus lados. Era como se eu, de repente, tirasse os óculos escuros." Ela reuniu a coragem necessária para contar ao marido sobre seu descontentamento e sobre seu caso extraconjugal. Eles logo se divorciaram.

Depois de ter passado a vida toda sentindo medo de altura, Marilyn se matriculou em um treinamento na selva. Em uma atividade perigosa chamada tirolesa, passou por um cabo que saía do pico de uma montanha em direção ao chão, centenas de metros abaixo. "Fiquei em pé na beira de um penhasco com lágrimas rolando pelo rosto. Fechei os olhos e desci, gritando de alegria o máximo que conseguia. Eu estava muito emocionada."

"Depois de fazer isso, você percebe que o medo está sempre presente", mas não precisa ser sempre paralisante, diz. Em qualquer desafio potencialmente intimidante, "você pode simplesmente incluir seu medo e seguir adiante".

Ela começou a explorar outro sonho: "Sempre senti que era uma empreendedora. Dê-me um quadro branco e eu vou escrever alguma coisa nele", conta. Por isso, vendeu sua casa e investiu tudo o que tinha em um negócio. "Pegar o telefone e pedir a alguém que experimente um produto que você está oferecendo é a mesma coisa que atravessar aquele cabo na montanha", conta. Desenvolveu seu negócio e o transformou em uma empresa líder em sua área.

Com 50 e poucos anos, depois de namorar vários homens e "beijar muitos sapos", Marilyn resolveu encontrar um parceiro. Anos antes da era dos namoros na Internet, ela reuniu a coragem de que precisava e colocou um anúncio no jornal:

> "Mulher alegre, bonita, *mignon*, morena, no início da casa dos 50 anos, saudável, interessada e intensa na vida e no amor. Procura homem gentil, inteligente, educado, estável emocional e financeiramente, com quem possa dividir a vida, se divertir e namorar."

Expor seu desejo no jornal foi como atravessar o cabo novamente. Homens viciados em jogos de azar, em álcool e com quem ela não tinha nada em comum logo encheram sua caixa de correspondências com respostas. O último a responder foi seu novo marido, um homem na faixa dos 60 anos. Na primeira noite em que chegou a casa de Marilyn para buscá-la para um encontro, ela diz que ambos sabiam que queriam ficar juntos.

Quando perguntamos a ela sobre seu segundo casamento, Marilyn suspira. "É impressionante, impressionante. Meu marido... tem todas as qualidades que eu queria. Quando me casei com ele, eu disse: 'Parece que estou voltando para casa. Encontrei minha metade perdida'."

Agora, todos os dias, Marilyn aproveita os frutos de sua crise de meia-idade. "Tive duas vidas completas", diz. "Uma delas se resumia apenas a pôr um pé na frente do outro. A outra vida começou aos 48 anos e foi de total compromisso, disciplina e integridade, eu fazia o que dizia que faria." E isso, por essa vida, tem sido suficiente.

O único arrependimento de Marilyn foi não ter começado antes. "Se eu tivesse de refazer minha vida, eu teria começado bem cedo a fazer o que eu dizia que faria e a lutar pela autenticidade", conta. Se tivesse feito isso, ela acredita que sua crise de meia-idade não teria sido tão explosiva.

Encontrando o que você ama

Aos 79 anos de idade, Sharon tem muitas lembranças, muitas delas acumuladas durante uma crise de meia-idade. Olhando para trás, a mãe de dois filhos, de Connecticut, fica feliz por ter passado por essa crise, e feliz por ter conseguido preservar seu casamento. Hoje, ela e seu marido estão casados há mais de meio século.

Com sua natureza de Aventureira, Sharon conseguiu se formar na faculdade, assumiu uma capacidade de correr riscos, adquiriu uma identidade pessoal positiva e uma carreira como arqueóloga. Aqui está o conselho que ela daria às mulheres mais jovens: encontre algo que você ame de verdade e faça-o.

Durante as primeiras cinco décadas de vida, Sharon foi uma esposa dedicada e mãe zelosa, mas não encontrava nenhum outro trabalho de que gostasse. Nunca havia frequentado a faculdade e se arrependia por isso. Havia trabalhado apenas em empregos como secretária e assistente administrativa. Conheceu seu marido, um executivo internacional, na África do Sul, onde cresceu. Casou-se com ele na Europa e ambos se mudaram para os EUA nos anos 60. Criaram dois filhos de maneira bem-sucedida, enquanto Sharon desempenhava o papel de esposa perfeita.

Mas ela se sentia diminuída quando os sócios de seu marido a ignoravam nas festas. Um dia, quando ela deu uma opinião diante de todos em uma festa, um deles, embriagado, disse: "Quem liga para o que você pensa?"

Sua transformação começou em 1976. Seus dois filhos tinham saído de casa para estudar, estavam na faculdade. Sharon estava em um restaurante com seu marido, que, na época, era diretor de uma empresa internacional, e estava distraída enquanto ele conversava com um sócio.

Entediada, olhou para o teto e começou a contar as lâmpadas. "Um, dois, três... o que estou fazendo?", ela se perguntou com uma ponta de desespero.

Seu olhar atravessou a janela e parou na entrada da faculdade Hunter College. Abandonando as pessoas com as quais almoçava, ela se dirigiu à instituição para pegar um formulário de matrícula.

E assim começou a Explosão Sônica de Sharon. Sua matrícula na faculdade aos 50 anos, sendo uma das alunas mais velhas da instituição, marcou o início de uma grande aventura que a transformaria, passando de esposa que ficava em casa em um ninho vazio a arqueóloga que atravessa o Oriente Médio e desvenda os mistérios do rio Nilo.

Até onde se pode chegar!

Viajando com uma colega da faculdade, Sharon fez várias expedições de pesquisa com três meses de duração para o Egito. Sua equipe visitou as Fontes de Moisés, onde dizem que o profeta tirou água de pedra com um bater de seu cajado. Conforme os alunos caminhavam, os soldados egípcios atiravam com suas armas em sinal de alerta: eles estavam passando por um campo minado! "Os tolos têm pressa", Sharon diz e sorri. "Eu não fazia ideia de onde estava me metendo." O motorista disse, posteriormente, que um caminhão havia sido explodido ali algumas semanas antes.

Ela também não fazia ideia de que ficaria tão apaixonada pela arqueologia. Ao saber que o templo no topo de uma montanha, onde os egípcios antigos rezavam para seus deuses quatro mil anos antes, só podia ser alcançado por helicóptero, Sharon e sua equipe chegaram até ele a pé. "Nós não tínhamos um helicóptero", diz.

Ela dormiu no monte Sinai em uma barraca bem fechada para se proteger de cobras e escorpiões. Confundidos com traficantes de heroína, ela e sua equipe quase foram presas. Sharon emagreceu cinco quilos subindo os montes ao longo do Nilo e entrando em tumbas para obter informações. "Eu nunca estive em melhor forma física", conta. Ela se formou na faculdade com ótimas notas.

Finalmente, Sharon se sentia "adequada". "Meu mundo mudou para melhor. A arqueologia preencheu um enorme vazio em minha vida. Ela me deu um grande senso de independência. E me deu minha própria identidade."

Ao procurar o que fazer na meia-idade, Sharon aconselha a não se preocupar demais com o que fazer. Apenas ame o que fizer. Aos 79 anos, ela ainda se prende ao que aprendeu como uma Aventureira. "Não importa para onde você vá. O caminho sempre leva para outro lugar."

Correr mais riscos

Analisando o passado, Eleanor, aos 71 anos, diz que sua crise no início dos 40 enriqueceu sua vida. A assistente jurídica encontrou uma carreira paralela significativa na meia-idade e se tornou roteirista. A crise também fortaleceu sua capacidade de sentir alegria, de se divertir, de assumir riscos e de ter uma identidade pessoal.

Eleanor se arrepende apenas disto: gostaria de ter corrido mais riscos. Se tivesse sido um pouco mais ousada, se tivesse arriscado um pouco mais de dinheiro, de tempo e de segurança, talvez tivesse ainda mais lembranças divertidas e coloridas.

Sua transformação começou em um momento dos 40 anos, quando sentiu a essência da crise da meia-idade – "Aquele segundo em que tudo parecia possível novamente".

Andando de bicicleta perto de uma praia do oceano Pacífico com colegas de trabalho, a luz do sol iluminou em Eleanor uma antiga ideia de imortalidade. Pedalou com mais força, com mais rapidez, passando na frente de seus amigos mais jovens até chegar à areia.

"Ainda consigo sentir aquela emoção – de liderar o grupo, o sol, o vento, o cheiro do mar perto da praia. Foi um momento de loucura", diz. "Desde a infância, a ideia de descer uma ladeira a uma velocidade perigosa parecia bastante possível."

Mas não foi. O pneu da frente bateu em uma pedra, e ela caiu de cabeça na areia e desmaiou. Em seguida, uma ambulância chegou para levá-la ao pronto-socorro, onde teve de tratar de um leve traumatismo.

Paradoxalmente, o acidente lhe deu coragem. "Eu me senti um pouco mais segura comigo mesma. Ganhei confiança", conta. Mais tarde, quando um ladrão tentou atacá-la, ficou firme e gritou – um ato de desafio que ela acredita que não teria sido capaz de tomar antes do acidente. O bandido fugiu correndo.

O acidente de bicicleta também permitiu que sua Artista interna assumisse o palco. Criada em uma pequena cidade rural do Missouri, que Eleanor descreve como "do tamanho da borracha de um lápis", se casou jovem, com um colega da escola, e tiveram três filhos. Eles se divorciaram e durante anos ela se dedicou a criar as crianças.

Quando estava com 40 anos, Eleanor começou uma transformação contida, Moderada. Reuniu a coragem necessária para se matricular em um curso de roteiristas na Universidade da Califórnia, em Los Angeles. Eleanor não era formada, mas, desde a infância, adorava cantar, se apresentar, fazer as pessoas rirem e escrever.

Para sua surpresa e felicidade, o professor gostou tanto de seu trabalho que a convidou para se unir a um grupo pequeno de alunos em sua oficina de redação, onde Eleanor praticou e aperfeiçoou sua arte durante anos. Em seus roteiros, seus personagens sempre parecem mudar. Mas, na verdade, "eles não mudam tanto, apenas redescobrem as pessoas que eram", conta.

A crise de meia-idade de Eleanor seguiu o mesmo padrão. Aprendeu "a se sentir mais confiante em si mesma. Tudo aquilo que a definia na infância provavelmente ajudará você a passar pelos momentos difíceis". Independentemente dos problemas, "ninguém pode feri-lo se você tiver a coragem de ser quem é".

Essa lição, segundo ela, mostra seu único arrependimento: o fato de não ter sido mais aventureira anos antes. Eleanor se lembra de uma viagem do passado, que fez com seus filhos, como mãe solteira. A família havia saído cedo certo dia para acampar perto de um lago na Califórnia. Assim que se estabeleceram, os filhos começaram a implorar à mãe que alugassem um barco a remo para explorar o lago. O preço era oito dólares por dia.

Eleanor sempre se preocupou com dinheiro; não era fácil criar três filhos sozinha com o salário de assistente jurídica. "Acho que não temos dinheiro", ela disse a seus filhos e manteve sua posição diante dos pedidos. Olhando para trás, Eleanor se arrepende de não ter alugado o barco. "Poderíamos ter passado a semana seguinte comendo feijão para compensar o gasto", diz agora.

Seus filhos não se lembram desse fato. Mas "aquele barco de oito dólares ficou em minha consciência, e sempre faz com que eu faça as coisas agora", conta.

A reação certa

Quando questionada a respeito de quais princípios a ajudaram a atravessar sua crise de meia-idade, Eleanor conta uma história de sua infância. Ela tinha 10 anos e estava brincando depois de uma missa de domingo na pequena cidade do estado do Missouri. Após a missa, algumas pessoas ficaram conversando em frente à igreja.

Foi então que faróis de um carro foram vistos no pátio da igreja. Ouviu-se uma batida na porta. Um desconhecido entrou e começou a falar. Disse que precisava de dinheiro, pois estava passando por um momento difícil e precisava comprar leite para seu filho, comida para sua família.

As pessoas da igreja se entreolharam, passaram o chapéu e reuniram cerca de cinquenta dólares. O homem pegou o dinheiro, agradeceu e foi embora.

"Ele provavelmente estava mentindo", disse um homem. Outras pessoas concordaram. O pai de Eleanor disse: "Bem, talvez ele estivesse mentindo. Mas o que decidimos fazer mostra quem somos. Talvez ele precisasse do dinheiro, talvez não. Nunca vamos saber. Mas o que sabemos é que fizemos a coisa certa".

Em momentos difíceis, Eleanor se lembra da história, que a fez perceber que ninguém está imune às perdas e aos solavancos da meia-idade. Um furacão de golpes inevitavelmente cairá sobre você: morte, doença, desespero, decepção, ninho vazio, cama vazia, solidão e degradação causada pela idade. Pode trazer também liberações, como uma herança ou a liberdade de antigas responsabilidades. Ninguém pode controlar tais circunstâncias.

O que molda nossa vida na terceira idade não são as perdas, mas como reagimos. Eleanor diz que a história faz com que ela se lembre de que "ninguém e nada pode nos ferir, desde que tenhamos coragem de ser quem somos".

Marchando parada

Como mencionamos anteriormente neste capítulo, o maior erro cometido pode ser o fato de não passar por uma crise de meia-idade. Muitas mulheres – cerca de 64%, com base no estudo da

Fundação MacArthur discutido no capítulo 1 – não passam por essa crise. Muitas não sentem necessidade, mas outras resistem a paixões ou desejos reprimidos.

Olhando para trás, Kay, com quase 60 anos – uma consultora autônoma de Nova York –, gostaria de ter encontrado uma maneira de se livrar dos medos que a mantiveram presa em seus 40 anos. Ela gostaria de ter sido mais extrovertida, de ter construído mais habilidades e de ter corrido mais riscos em sua carreira.

Kay fez algumas tentativas de se envolver em novas conquistas, entrando para um coral e se matriculando em estudos religiosos e em aulas de astronomia. Mas a depressão e a ansiedade se tornaram obstáculos muito altos, enraizados em uma infância infeliz, que incluiu abuso emocional por parte de seus pais. Para sua decepção, seus pais também se recusaram a pagar seus estudos na faculdade. Muito bonita na juventude, com grandes olhos, pele perfeita e cabelos encaracolados, Kay se casou aos 18 anos e foi feliz durante um tempo. Mas seu marido se tornou viciado em drogas e passou a apresentar problemas mentais. Ela se divorciou quando tinha 32 anos.

Agora, ela sente falta de uma nova paixão que a ajude a atravessar a terceira idade. "Eu não tenho, mas sinto falta disso", diz. "Só tenho essa ansiedade constante a respeito do que vai acontecer amanhã. E essa ansiedade me mantém paralisada, enraizada onde eu estiver, com medo e preocupação constantes."

O envelhecimento está fazendo com que ela abra mão de padrões de juventude de beleza. Depois da meia-idade, "você nunca parecerá jovem de novo, esqueça", ela diz de modo sucinto. Diferentemente de algumas mulheres em meu estudo, ela acredita que é tarde demais para embarcar em uma segunda vida. "Eu não vou agora para a faculdade para obter um diploma e começar uma carreira como bioquímica. Não há tempo."

Assim, "eu continuo no mesmo espaço emocional, onde todas as pessoas ao meu redor estão crescendo, mudando, fazendo coisas", diz. "Eu me sinto destruída com minha vida."

A necessidade de dividir

O isolamento marcou a vida emocional de todas as mulheres de meu estudo que sentiam que a crise de meia-idade havia trazido algo ruim. Algumas haviam se envolvido em casos extraconjugais ou em aventuras em segredo, e outras haviam, por algum motivo, escondido informações de amigos a respeito de sua turbulência emocional. Pode-se dizer que o isolamento contribuiu para a decepção, impedindo que elas tivessem novas perspectivas ou que recebessem apoio emocional.

Existem cada vez mais provas da importância das amizades e das redes de relacionamentos amorosos para a saúde mental e física. Vários estudos descobriram que manter uma conexão com a comunidade – grupos sociais e contato frequente com familiares e amigos – reduz o risco de morte e aumenta o bem-estar na terceira idade. As mulheres que têm um círculo de amigas se sentem melhor que as que não têm. Aquelas que são mais próximas de suas amigas têm menos depressão e mais autoestima.[1]

Algumas das mulheres de meu estudo formaram grupos confiáveis de amigos, organizados ou semiestruturados, em sua vida, ajudando umas às outras a passar por todo tipo de desafios da meia-idade. Helena, a artista do capítulo 6, tem um grupo de amigas de meia-idade que se consideram unidas e até mais próximas que irmãs. Essas amigas a ajudaram a se mudar para um pequeno apartamento depois do divórcio, fazendo uma "vaquinha" para levantar fundos para pintar o local. Posteriormente, ajudaram a reformar uma casa antiga que Helena comprou. Essas mesmas amigas tomaram conta de outra mulher do grupo quando ela sofreu um acidente grave.

Em uma festa de Natal que Helena preparou para o grupo, sua filha adolescente disse: "Essa é a tribo de minha mãe. Espero que, quando crescer, eu possa ter uma tribo que seja pelo menos metade dessa".

Clare, a executiva da Califórnia apresentada no capítulo 8, encontrou sua tribo em uma aula de dança moderna, que faz duas vezes por semana. Reunidas para aproveitar a música, fortalecer o corpo e amar os movimentos, as colegas de aula se aproximaram tanto que Clare está escrevendo um musical baseado na vida delas. A aula de dança, segundo ela, se tornou "uma pequena comunidade" para elas.

Outra conexão desse tipo é realizada no Círculo de Mulheres, uma série de retiros e grupos de apoio para mulheres organizados por duas psicoterapeutas de Evanston, Illinois. As participantes, em sua maioria no final da faixa dos 30 e início da faixa dos 40 anos, se encontram em um acampamento em Wisconsin para contar suas histórias de transição. As participantes do Círculo de Mulheres também recebem uma "comadre", uma prática da cultura mexicana que dá a cada criança duas mães – a biológica e outra mulher mais velha que se mantém profundamente envolvida e disponível para ela em sua vida. Os grupos de apoio são formados entre as participantes, que continuam a se encontrar com frequência depois dos retiros.

O objetivo é construir um novo relacionamento com elas mesmas e aprender com as histórias umas das outras. "Existe algo muito forte quando se conta essa história, fazendo com que as pessoas escutem o que você diz – ou seja, simplesmente ser ouvida", diz Wendy Kopald, uma das psicoterapeutas que fundaram o programa. Na meia-idade, praticar novas maneiras de se relacionar com os outros e se expressar em um grupo de mulheres pode ajudar o crescimento pessoal.

Um grupo de mulheres nova-iorquinas organizou uma rede com esse objetivo; elas se encontram duas vezes por mês para ajudar as mulheres a perceberem seus sonhos de meia-idade. É um exemplo que vale a pena ser seguido.

Um salão de sonhos

Jantando com algumas amigas íntimas ao redor de uma grande mesa em um restaurante de Manhattan, em 1996, Amy Greenberg resolveu experimentar uma nova ideia.

As mulheres eram, em sua maioria, da faixa dos 40 e 50 anos, e muitas estavam passando por transições da meia-idade. "Era uma época de nossa vida em que estávamos pensando: 'O que mais existe?'", afirma Leslie Rutkin, uma das amigas. O garçom havia trazido o café, e o jantar já estava chegando ao fim. Aproveitando a intimidade e o companheirismo, Greenberg começou a falar: "Eu proponho que cada uma aqui conte um sonho. Pode ser algo sobre o que vocês apenas pensem e que estão mantendo em segredo – algo sobre o qual não conversaram com ninguém".

"A ideia despertou algo em todas nós", diz Rutkin, que, assim como as outras pessoas do salão, não fez parte de meu estudo. A conversa deu origem a um grupo de discussão, o The All Grrrls' Dream Salon, que continua a se encontrar duas vezes por mês com o único objetivo de falar, discutir e apoiar os sonhos de meia--idade umas das outras.

Greenberg, que nunca se permitiu ser chamada de "menina", escolheu o nome. "O termo 'Grrrls' é como se fosse um rosnado. É forte", diz ela, que atualmente tem 54 anos. "É a ideia de uma mulher forte, excitante, aventureira, viva, apaixonada, uma tigresa."

Formado por uma *designer* de tecidos, uma escritora, uma representante de vendas, uma agente literária e uma executiva de comércio exterior, entre outras, o Salon transformou muitos sonhos em realidade. Com o apoio umas das outras, as mulheres criaram negócios e redes, escreveram livros, encontraram novos mercados para seus produtos e fizeram novos planos para o futuro.

Nas regras do Salon, cada mulher pode gastar quinze minutos descrevendo seu sonho e, então, as outras podem comentar. Só podem ser feitos comentários positivos – nada de críticas, sarcasmo, humilhação, desrespeito, por mais que o sonho pareça maluco. "Estamos em uma atmosfera amorosa, envolvente", conta Greenberg.

Rutkin diz: "Para mim, era um lugar onde eu podia dizer o que não dizia, sem que alguém me dissesse: 'Por quê?' Na verdade, a resposta que recebemos sempre é: 'Que boa ideia!' ou 'Como podemos ajudar?'". Mesmo que o sonho seja maluco, as mulheres recebem uma reação positiva, como: "Isso parece ter muita importância para você. Vamos tentar analisar de outra maneira e ver se conseguimos torná-lo realidade".

"Temos sonhos recorrentes, constantes, impossíveis", afirma Anna Lieber, proprietária e diretora de uma empresa de consultoria de *marketing*. Qualquer sonho é seguro: "Não tem nada a ver com 'sexo na cidade'. É um 'santuário na cidade'". Lieber, uma ávida colecionadora de talheres e objetos de porcelana, recebeu ajuda das mulheres do Salon para começar a vender suas peças em mercados de pulgas.

O grupo ajudou Rutkin a começar um negócio de decoração com flores e a escrever um livro que há muito planejava escrever, um livro de memórias tendo como base as cartas trocadas entre ela e seu marido durante um momento difícil. Quando Rutkin leu em voz alta o rascunho de seu livro em uma reunião do Salon, as mulheres começaram a chorar, Lieber relembra.

O grupo incentivou Greenberg – escritora, atriz, professora de interpretação, fundadora e dona de uma empresa de relações públicas – a perseguir seu sonho de escrever um livro sobre como as mulheres em diversas culturas passam pela menopausa. Ela viajou pelo país com outra mulher do Salon para fazer sua pesquisa, descobrindo "um tipo de felicidade que nunca conheci", diz.

Segundo Greenberg, o Salon é um lugar onde as mulheres de meia-idade sentem orgulho de ter sonhos, diferentemente de qualquer outro lugar no mundo.

Em seu caso, o Dream Salon permitiu que ela fizesse um grande investimento em si mesma, auxiliando a próxima geração. Incentivada novamente pelo grupo, Greenberg está perseguindo um novo sonho de dirigir um programa para crianças autistas. Ela já está terminando o mestrado em educação e leciona para crianças com necessidades especiais.

Nota

[1] T. C. Antonucci, H. Akiyama e A. Merline, "Dynamics of Social Relationships at Midlife", in Margie E. Lachman (org.), *Handbook of Midlife Development*. Nova York: John Wiley & Sons, 2001, p. 589.

10
Ao longo das gerações

No meio do inverno, finalmente descobri
que havia em mim um verão invencível.
— Albert Camus

Em uma manhã de verão, dentro do carro, dirigindo-se ao asilo onde trabalhava como assistente perto de Portland, Oregon, Kathleen Imel, de 51 anos, estava pensando a respeito do dia de trabalho que teria. Com 1,64 metro de altura, comportamento tranquilo, olhos azuis e cachos grisalhos e macios emoldurando seu rosto, Imel era treinada para cuidar de pacientes frágeis e problemáticos.

Porém, ao entrar em uma rua, Imel viu uma cena que a deixou horrorizada: dois *pitbulls* nervosos corriam na direção de três pessoas que estavam em pé ali perto. Imel conhecia o comportamento dos cães, e aqueles dois estavam preparados para um ataque. Ela ainda teve a esperança de que as pessoas se mantivessem paradas. Se isso acontecesse, os cães talvez passassem por elas sem feri-las.

"Ai, meu Deus!", Imel exclamou. Para seu espanto, um menino pequeno saiu de perto do grupo e tentou fugir. "Aquela criança está correndo!" Ela parou o carro e saiu do veículo gritando: "Não corra!"

Era tarde demais. Os cachorros pegaram a criança, pularam nela e começaram a morder, derrubando-a ao chão, ferindo sua

201

cabeça e suas costas. Os gritos do menino enchiam o ar. "Socorro! Preciso de ajuda!"

Imel correu até o menino e chutou os cachorros. O *pitbull* de quarenta quilos e seu companheiro um pouco menor ignoraram seus golpes e continuaram mordendo a cabeça e os braços da criança. Ela arrastou o menino para longe, mas os cães o rodearam e o atacaram novamente. Chutes, golpes com os punhos, comandos – nada funcionou. As portas das casas foram se abrindo e as pessoas saíam, mas ninguém se mexeu para ajudá-la.

Desesperada, Imel deu a cartada final, lançando-se sobre o menino, cobrindo o corpo dele com o dela. "Eles queriam pegar a criança e eu não permitiria", conta. "Meu corpo assumiu a situação. Simplesmente assumiu o controle."

Os *pitbulls* pularam sobre ela e começaram a morder seus braços e rosto, rasgando sua pele na tentativa frustrada de chegar à presa. Imel esticou o braço e pegou o cachorro maior pelo pescoço, afundando os dedos em sua jugular.

"NÃO! VÁ EMBORA!", ela gritou. O *pitbull* lhe deu uma mordida no rosto, rasgando sua sobrancelha e pálpebra. O sangue tomou conta de seu olho, e Imel pensou que ele tivesse sido arrancado. Muitas lembranças tomaram conta de sua mente, incluindo a de um velho amigo que havia perdido um olho.

"É isso o que acontece quando morremos?", perguntou a si mesma, enquanto os cães continuavam a rasgar sua pele. O cachorro maior se agarrou ao braço dela.

Finalmente, uma mulher se aproximou e tirou a criança que estava sob o corpo de Imel. Os cães ainda assim não se afastaram. Imel pensou, dessa vez, na mulher que havia sido morta por cães em seu apartamento. "Como deve ter sido horrível para ela". Esforçou-se para manter a consciência e pensou: "Se eu vou morrer, quero estar ciente disso". Por fim, dois vizinhos se aproximaram de Imel, espantaram os cães com uma barra de aço e a ajudaram a se afastar, sangrando muito.

Mais tarde, naquele mesmo dia, o pai da criança, um aluno do ensino básico chamado Joshua Pia Perez, de 7 anos, disse que Imel havia salvado a vida do filho. "Ela foi um anjo que Deus mandou para proteger meu filho", Cesar Pia disse a um jornalista. "Se ela não estivesse ali, talvez ele estivesse morto."[1] Imel, que levou diversos pontos, fez uma cirurgia e perdeu uma das sobrancelhas (mas não o olho), recebeu uma medalha da polícia do condado por sua coragem.

Um símbolo perfeito

O heroísmo de Kathleen Imel serve como um símbolo perfeito do poder que ainda temos, como mulheres de meia-idade, de ajudar a próxima geração. Ironicamente, alguma pessoa da imprensa descreveu Imel como idosa. "Tenho apenas 51 anos", ela disse, rindo, em uma entrevista. "Ainda tenho muito tempo pela frente!"

Algumas pessoas, surpresas, disseram que Imel, sem dúvida, sentiria medo de cachorros. Mas sua reação foi oposta. Ao descer uma rua ou passar por um supermercado, sua aproximação da morte a deixou ainda mais atenta aos gritos de crianças.

Para as mulheres em busca de sentido, Imel serve como um símbolo perfeito da generatividade – conquista de desenvolvimento que o psicólogo Erik Erikson descreveu como o objetivo central na meia-idade. A generatividade é o rótulo dos psicólogos para uma de nossas melhores qualidades como seres humanos: contribuir para o bem-estar das futuras gerações, sem esperar um retorno desse investimento. Essa qualidade surge como essencial para a satisfação em quase toda grande teoria psicológica e estudo de longo prazo a respeito do envelhecimento bem-sucedido. Oferece sentido e significado aos objetivos de todos os arquétipos deste livro, desde a obtenção da intimidade à melhoria do mundo que nos cerca. Os comportamentos que ela incentiva – cuidar sem segundas intenções, respeitar a autonomia dos jovens, dando-

-lhes conselhos, orientação, ensinamentos e cuidados, e trabalhar para construir uma comunidade melhor – podem satisfazer nosso apetite por significado na meia-idade.

A importância da generatividade não pode ser medida. Dois grandes estudos a respeito das mulheres, na Faculdade Radcliffe e na Universidade de Michigan, descobriram que ela é um de apenas dois fatores que preveem o bem-estar psicológico de uma mulher mais tarde em sua vida. O outro é a qualidade dos papéis que a mulher desempenha na meia-idade.[2]

William Sadler descobriu em um estudo de doze anos que a generatividade é parte central do renascimento pessoal que alguns de seus participantes viveram aos 50 anos; depois de alcançá-la, muitos continuaram a viver e a crescer pelos próximos trinta anos.[3] Sandler descobriu que cuidar das pessoas é mais importante na meia-idade e, acima de qualquer outro estágio, é parte essencial da renovação da meia-idade. É a pedra angular da civilização.

Como mostra o exemplo de Imel, temos nessa fase uma oportunidade única de praticar a generatividade. Já obtivemos um pouco da sabedoria e da habilidade que vêm com a idade, sem ter perdido toda a força ou vitalidade da juventude. Nessa junção, existe muita promessa e esperança.

Uma inspiração pessoal

Além de seu valor simbólico, o heroísmo de Kathleen Imel tem sido uma inspiração pessoal para mim. Uma mulher tímida e modesta, demorou para dar entrevista. Nada em sua vida foi fácil, pude perceber. Criada em uma família pobre com grandes problemas causados pela doença mental, teve um casamento conturbado e dois filhos; divorciou-se, ficou deprimida e assumiu um estilo de vida arriscado. Sua natureza sempre foi de ajudar as pessoas – pedintes em supermercados, mendigos etc. –, mas as pessoas de seu convívio, incluindo o ex-marido, sempre a desanimavam, pedindo que ela fosse "realista".

Foi a crise de meia-idade que trouxe à tona os valores que Imel demonstrou no dia do ataque e que fizeram com que ela redirecionasse sua vida. O início de tudo se deu quando seu filho adulto foi diagnosticado com esquizofrenia. Foi um golpe surpreendente, que chegou com seus 40 anos. "Foi como levar um tapa na cara." O choque fez com que Imel transformasse o que ela descreve como vida sem foco e temerosa em uma existência com propósito. "Percebi que tinha vivido minha vida dormindo mesmo estando acordada, agradando a todas as outras pessoas. Isso me transformou. Foi um sinal: pare de esconder a dor da vida. Resolva o que estiver errado e faça a coisa certa."

Assumindo o arquétipo da Líder, deixou de lado velhos medos. Pela primeira vez, estudou com o intuito de seguir uma carreira. Guiada por sua natureza solícita, escolheu a área da saúde mental, com planos de iniciar sua clínica para jovens adultos. Como resultado das mudanças que teve, aprendeu que "você pode acreditar que existe esperança para a comunidade. Pode fazer o que diz. A mudança começa com você".

Quando seu momento de definição veio com o dia do ataque dos cachorros, Imel estava treinada e pronta. Ajudar o menino era algo tão necessário em sua mente que ela não precisou pensar no que fazer. Simplesmente trouxe à tona o desejo de ajudar, melhorado por sua crise de meia-idade.

Eu gostaria de dar um exemplo tão bom quanto esse a meus filhos.

Ignorando os sinais de alerta

Alguns psicólogos acreditam que a crise de meia-idade é o resultado "de um distúrbio de ajuste" que surge de uma inflexibilidade psicológica que se torna pior com os desafios do envelhecimento.[4]

De fato. Durante anos, vivia um exemplo rígido da fase adulta. Abençoada com três enteados maravilhosos, dois filhos biológicos e uma carreira que eu adorava, caí na armadilha de tentar fazer coisas demais. Estou feliz com a carreira que construí e adoro ser madrasta e mãe. Mas, olhando para trás, vejo que restringi durante muito tempo minha autoimagem. Minha pose de esposa trabalhadora e de mãe perfeita era exatamente isto: apenas uma pose, ruim demais para ser mantida.

Olhando para trás, a extensão de minha própria inconsciência me deixa surpresa. Eu havia tentado levar uma vida responsável. Mas a inconsciência é inimiga da integridade, e fez com que eu não visse os sinais da crise da meia-idade. Na faixa dos 40 anos, ignorei a sensação de apatia. Lembro-me de uma viagem que fiz para a praia com meus filhos, e que deveria ter sido um período de relaxamento e alegria. Eu só conseguia sentir desespero.

Também ignorei o fato histórico da crise de meia-idade de minha mãe.

Repetindo a história

Eu estava na metade deste livro quando percebi que ele era uma carta de amor à minha mãe. Ela era uma pessoa maravilhosa, amorosa e dedicada, muito próxima de mim. No entanto, durante muito tempo acreditei que a vida que eu tinha era completamente diferente da que minha mãe tinha.

Ela era mãe em tempo integral, e eu sempre trabalhei em período integral. Ela se casou muito jovem; eu esperei até o final da faixa dos 20 anos. Ela deixava meu pai liderar o casamento; eu tinha uma união igualitária. Ela sofreu com baixa autoestima; eu procurei obter conquistas para afastar essa aflição.

Como mãe e esposa em tempo integral, ela reprimia partes públicas de si mesma. Como profissional que precisava equilibrar o trabalho e a família, eu reprimia partes mais expressivas de mim mesma.

Minha mãe passou por uma grande crise de meia-idade. Eu pensei que isso não aconteceria comigo, que eu passaria serenamente pelos mares da minha idade, os quais eu faria com que fossem calmos.

No início da faixa dos 50 anos, as vicissitudes da meia-idade haviam deixado minha mãe com a clavícula quebrada e uma vida quase completamente transformada. No início dos meus 50 anos, minha crise de meia-idade me deixou com a clavícula quebrada e uma vida quase completamente transformada.

Quanto mais mudamos, mais permanecemos iguais. Aqueles que não aprendem com a história estão fadados a repeti-la.

Uma esposa de fazenda renascida

Eu devo ter aprendido muito com o exemplo de minha mãe. Ela largou a faculdade para se casar com meu pai, um fazendeiro, e ficou em casa com meu irmão, com minha irmã e comigo durante anos. Ela e eu éramos extremamente próximas, conversávamos longamente sobre assuntos íntimos. Mas quando minha mãe disse, em um jantar em família, em 1963, que se identificava com as mulheres do *best-seller Mística feminina*, de Betty Friedan, e que frequentemente sentia aquela sensação de "estar presa" descrita pela autora, todos ali presentes ficaram em silêncio. Sem conseguir entender aquilo aos 12 anos, eu devo ter olhado para ela como se estivesse vendo duas cabeças em seu corpo.

Problemas de saúde causaram uma Explosão Sônica na vida de minha mãe no início de seus 40 anos. Um caso grave de endometriose quase a matou, até que os médicos finalmente realizaram uma histerectomia de emergência. Sem a ajuda de uma terapia hormonal, ela entrou na menopausa como uma Ferrari em alta velocidade contra uma parede de tijolos. Em contraste com minha jornada natural e gradual em direção à mudança, a experiência de minha mãe com a menopausa foi um salto dentro do abismo.

A ideia da crise de meia-idade das mulheres naquela época não tinha qualquer destaque. Mesmo assim, analisando o passado, consigo ver que minha mãe encontrou sentido no arquétipo da Líder. Ela se rematriculou na faculdade, estudando até tarde sobre nossa mesa de fórmica amarela para completar seu curso por correspondência – antecessor do *e-learning*. Fazia belas blusas de lã e echarpes com estampa de oncinha para substituir as roupas de seu passado. Diferentemente das mães de classe média de nossa comunidade rural, que raramente trabalhavam para ter um salário, ela conseguiu um emprego como professora de inglês, francês e idiomas clássicos, tendo uma excelente carreira de dez anos. A clavícula quebrada, no caso dela, foi consequência de um acidente de carro durante uma de suas várias viagens para a cidade; e sua clavícula, assim como a minha, continuou fora do lugar pelo resto da vida.

Infelizmente, essa vida foi interrompida rapidamente. Minha mãe teria feito muito mais, tenho certeza, se o enfisema não a tivesse incapacitado aos 50 e poucos anos e tirado sua vida aos 60. Mesmo assim, ela conquistou pelo menos dois objetivos da crise da meia-idade. Encontrou sentido na vida, retomando seu amor pela literatura e a colocando em sua vida. Encheu nossa casa com romances franceses e clássicos ingleses de capa de couro, conseguindo se tornar uma mulher culta.

Também expandiu seus limites. Sua paixão pela França, descoberta já na fase adulta, lhe dava tanta alegria que meu pai a levou para a Europa quando ela tinha 50 anos – uma viagem repleta de aventura para uma mulher da zona rural dos Estados Unidos naquela época. Ao acordarem na primeira manhã em Pa-

208

ris, meu pai ficou surpreso ao ver minha mãe chorando. "Marty, o que houve?", ele perguntou, ansioso. "Nunca pensei que conheceria Paris", ela disse, soluçando. "Estou tão feliz."

Usando o bônus de trinta anos

Minha mãe morreu tão jovem que eu nunca compreendi muito bem sua turbulência da meia-idade. Eu me mudei e me concentrei em minha carreira e em meu casamento. Se eu tivesse notado suas mudanças, poderia ter percebido a chegada de minha crise de meia-idade. Mas eu cheguei ao ponto de ruptura, o que me deixou alheia aos meus anos.

Agora, consciente a respeito do que ela passou, eu me inspiro em seu exemplo. Em seu renascimento da meia-idade, minha mãe foi muito além dos limites culturais de seu tempo, ao contrário de mim.

Olhando para frente, essa geração de mulheres tem uma oportunidade única de ajudar nossas filhas a ser melhores, a viver de modo mais completo, por três motivos. Primeiro, uma proporção sem precedentes de nós vai aproveitar o que William Sadler chama de "bônus de trinta anos" – quase três décadas de longevidade além dos 50 anos.[5] Isso nos dá muitos anos para passar por um caminho generativo na meia-idade, caminho este que nossas filhas podem seguir.

Em segundo lugar, as mulheres de meia-idade de hoje têm mais chances de passar por crises de meia-idade, oferecendo exemplos dinâmicos de crescimento e esperança. Em terceiro lugar, nossos filhos estarão por perto para ver nossa crise. As mães de hoje têm o primeiro filho 3,7 anos mais tarde – aos 25,1 anos em 2002 e aos 21,4 anos na década de 70 –, o que reflete uma tendência cada vez maior de adiar a gravidez.[6] Dois quintos das cinquenta mulheres de meu estudo ainda tinham os filhos dentro de casa quando a crise de meia-idade começou.

Alguns dos exemplos mais emocionantes de generatividade de meu estudo foram dados por pais que sofrem com as diferenças entre a adolescência e a meia-idade. Eleanor, cuja história apresentamos no capítulo 9, rejeitava a maioria dos pretendentes a namorados, porque eles não tinham nada a oferecer a seus filhos. "Se eles não se interessavam por meus filhos, eu simplesmente me desligava. Sei que isso é difícil para os homens, compreendo, mas nada mais é aceitável", conta. Pelo bem de seus filhos, "eu decidi que não namoraria. E é o que tenho feito". Ela encontrou satisfação no desenvolvimento de seu talento como roteirista.

Outras procuram equilibrar as responsabilidades com os filhos e as responsabilidades consigo mesmas. Helena, a artista que apresentamos no capítulo 6, teme que suas filhas encontrem problemas para pagar a faculdade porque preferiu a arte em vez do emprego que detestava, mas que pagava um alto salário. "O que é melhor? É melhor que minha filha me veja realizando meus sonhos? Acho que sim."

Podemos ver esse fato como uma maldição. Os anos da adolescência são difíceis para os pais. As pesquisas revelam que a satisfação conjugal chega ao ponto mais baixo quando o primeiro filho completa 14 anos; os pais solteiros enfrentam os mesmos estresses.[7] Somar uma crise de meia-idade aos desafios de criar adolescentes pode ser um problema duplo.

Também podemos ver esse fato como uma bênção. Apesar de minha crise de meia-idade ter me tornado mais parecida do que eu gostaria com meus dois adolescentes, com mudanças de humor causadas pelos hormônios, também permitiu que vivêssemos muitas aventuras juntos.

Libertando a fora da lei interior

Minha crise de meia-idade surgiu na forma de Ataque de Fúria aos 49 anos. Eu estava triste com a morte de meu pai e por causa do divórcio que pôs fim a meu casamento de vinte anos. Sentia saudade de meus três enteados que estavam vivendo milhares de quilômetros distantes. Sentia medo do ninho vazio que teria de enfrentar dentro de poucos anos, quando meus dois filhos biológicos saíssem de casa. Na emotividade, que é um elemento básico do Ataque de Fúria, pensei em me suicidar. Como Vasalisa aprendeu no conto báltico, há um preço a pagar quando se deixa a chama se extinguir.

Em meu desespero, a importância que sempre dei a uma vida familiar estável, à simplicidade, à carreira e à superação das expectativas dos outros havia desaparecido. Eu tinha um novo mantra: "O propósito da vida não é chegar com segurança à morte".

Passei a fazer uma série de viagens para acampar e esquiar com meus filhos, às vezes fugindo do trabalho para ir às montanhas nos dias de semana, depois da escola. Enquanto eles praticavam *snowboarding*, eu esquiava além dos limites de meu corpo envelhecido; aprendi que a adrenalina pode afastar, temporariamente, a dor da atrite. Comecei a fazer viagens para locais afastados e comprei veículos e triciclos para terrenos irregulares. Depois de telefonar para minha corretora de seguros pedindo que ela fizesse o seguro de meus dois triciclos, um *trailer* e um utilitário esportivo, ela começou a rir ao me atender novamente tempos depois. "Para qual bem você quer fazer um seguro agora? Uma Harley?", perguntou (cheguei a pensar nessa ideia, mas fui reprovada na aula de direção porque não conseguia manter a motocicleta pesada em pé).

Sem dúvida, eu precisava do seguro. Incentivada pelo "adolescente interno", sobre o qual Lynn falou no capítulo 3, sofri dois acidentes com meus triciclos, esmagando um disco da espinha e a clavícula. Depois de ir ao pronto-socorro após o segundo acidente, minha médica de longa data exclamou: "De novo, não!" Sem me deixar abater, assustei minha filha ao falar sobre os planos que eu tinha de fazer *bungee jump*. Desisti da ideia apenas porque ela me pediu.

Em outro Ataque de Fúria, repeti alguns erros do passado. No final da adolescência, eu gostava de namorar meninos rebeldes e inconformistas pela sensação de perigo que eles ofereciam. Na meia-idade, meu desejo por aventura alimentava minha atração por inconformistas e aventureiros.

Durante meu único relacionamento significativo com um homem que gostava de atividades ao ar livre e de travessuras, quase joguei para o alto todas as minhas obrigações de pessoa adulta em plena terça-feira à noite para viajar ao México com ele. Eu estava sentada diante de um rinque de patinação no gelo, observando meu filho treinar com sua equipe de hóquei, quando ele me telefonou de San Diego, onde fazia uma viagem de negócios. Tremendo e vestida com um agasalho e uma calça de ginástica, estava longe de parecer uma candidata a uma viagem internacional. Mas, momentos depois, estava pronta para comprar uma passagem para o México.

"Por que você não vai para Tijuana amanhã?" A voz grave de meu amigo ao celular foi como uma boia de salvação na noite do nordeste do Pacífico. "Podemos ir para Cabo San Lucas e passar alguns dias. Estou com um Jaguar conversível. Está sol aqui. Encontre-me na esquina da Second com a Revolutionary", ele disse, de modo brincalhão. Fiquei maluca. O endereço e uma cidade que eu nunca tinha visto evocavam uma aventura que era muito diferente de minha vida repleta de obrigações. Eu tinha prazos a cumprir no trabalho. Tinha de fazer a lição de casa com meus filhos. Tinha de levá-los de um lugar a outro, preparar refeições, exercer meu papel de mãe. Disse tudo isso ao telefone.

"Você pode resolver tudo isso se quiser mesmo", ele disse, levando-me à beira do abismo. Aos 51 anos, quantas outras chances como aquela eu teria? Desliguei o telefone prometendo que tentaria.

"Você ficou maluca?", uma amiga me perguntou naquela mesma noite, depois que eu lhe contei a respeito do convite e pedi para que me ajudasse com minhas obrigações domésticas.

"Acho que sim", eu disse. Na manhã seguinte, havia recuperado o bom senso. "O que eu estava pensando?", me perguntei. Felizmente, fiquei em casa e cumpri minhas obrigações.

Mas o acontecimento serviu como alerta: eu tinha coisas a resolver em minha vida.

Lembrando minhas falas

Durante essa época, eu tinha um sonho recorrente de que era um personagem em uma peça: uma borboleta, símbolo que na linguagem dos sonhos e na mitologia remete a uma alma emergente.

Mas nesse sonho eu me esquecia das falas. O elenco e a plateia ao meu redor paravam para me observar, enquanto eu caminhava pelo palco com minhas asas de mentira, tentando encontrar o roteiro.

Depois de quatro anos da minha crise de meia-idade, aos poucos me lembro de minhas falas. Dar vazão à Aventureira é simplesmente outro caminho para uma vida de uma nota só, pude perceber. Preciso integrar esse arquétipo e não ser vencida por ele. Preciso estabelecer um equilíbrio entre a compreensão e a exploração, mesmo que meus desejos que ressurgiram na meia-idade me transformem em uma tola.

Passei muitos dias da semana fazendo trabalhos rurais para uma amiga, dona de uma área de vinte hectares no Willamette Valley, em Oregon. O local fica ao lado de montanhas repletas de campos gramados e de terra, com diversas árvores. Os cavalos pastam pacificamente. Observando aquela região, que se estende graciosamente por Willamette, compreendo por que ela estava entre um dos primeiros lugares escolhidos pelos colonizadores. Parece um local sagrado.

Minha amiga tirou uma foto minha puxando as ervas daninhas de lá. Vestindo uma calça *jeans* que tenho desde os 30 anos, com o cabelo ao vento, a pele bronzeada pelo sol do verão e os sapatos sujos de lama, parecia que eu tinha atravessado as montanhas rochosas em uma carroça. Mas trabalhar naquela terra me trouxe paz, fez com que eu me sentisse em casa, fazendo o trabalho que eu executava na infância.

A cada semana que passava, o pasto de minha amiga ficava cada vez mais verde. Tirar as ervas daninhas e as folhas mortas permitia que o sol incentivasse novos crescimentos. Ao meu lado, meus filhos aprenderam um pouco sobre a vida rural que eu amava na infância, cuidando dos cavalos e da terra.

Aprofundando os relacionamentos

É possível alcançar uma grande cura revivendo velhas lembranças. Recordando-me de como eu gostava de viajar com meus pais, fiz diversas viagens com meus filhos. Nós gostamos de acampar e de testar nossos triciclos em novas trilhas e dunas.

Gostamos de ir ao que meu filho chama de "nossa casa de praia" – um bosque de pinheiros a um quilômetro e meio da estrada nas dunas de Oregon, faixa de areia que leva à costa do Pacífico, no Oregon. Deixando para trás nosso carro no acampamento, entramos na mata. Escondidas ali estão clareiras que poucas pessoas conhecem, largas extensões de areia ligadas por trilhas que levam à praia. Entre a vegetação, armamos nossa barraca e usamos triciclos por vários dias.

A natureza nas dunas é tolerante, apaga sinais das habitações dos seres humanos. O vento desfaz marcas de pneus, manchas de pasta de dentes e *marshmallow*, e enterra pedaços de papel e de vidro. Seu poder de limpeza cura a alma. Ali, buscamos nossa lenha e carregamos nossa água. Nossa família se aproxima, os relacionamentos se aprofundam, um por um.

Um monte alto demais

Banhados pela luz da lua, meu filho e eu nos sentamos sobre nossos triciclos sobre uma montanha de areia. Ao nosso redor estão famílias com triciclos, malucos em *buggies* e motociclistas escalando os montes de areia e brincando de pega-pega nas grandes extensões de areia.

Meu filho me desafia a subir um monte. Diante de nós, vemos um monte de 180 metros, como os penhascos de Dover.

"Suba a toda velocidade!", meu filho grita. "E, aconteça o que acontecer, não pare!" Então ele parte, sobe com facilidade e se vira no topo para me ver.

Eu respiro profundamente e parto com minha Honda 250 em direção à montanha, o que parece uma velocidade suicida. Ganho confiança ao percorrer a primeira metade. É como se estivesse voando, num ritmo alucinante. Mas meu motor falha quando me aproximo do topo do monte. Eu me inclino sobre o tanque de combustível.

Três homens guiam suas motos, com os braços nus sendo bronzeados pelo sol, sobem até o topo com facilidade, param e viram a cabeça com capacete em minha direção. Estão surpresos com minha coragem? Não, sem dúvida estão tentando imaginar se eu serei forçada a fazer um retorno de emergência ou, pior, se vou cair e descer rolando.

Sinto a boca seca. O medo apaga meus pensamentos. O que devo fazer? Meu cérebro não me dá orientação. Por instinto ou por pura sorte, engato a primeira.

O assento preto de plástico de meu triciclo se ergue no que parece uma subida quase vertical. Devagar, o motor grita como o de uma 727, conforme sigo adiante. A subida fica ainda mais íngreme. Aconteça o que acontecer, não pare. Aconteça o que acontecer, não pare. Por fim, sem respirar, o motor quase parando, consigo chegar ao topo do monte e paro a 250 com segurança.

Com o braço direito erguido, o pulso cerrado em uma comemoração silenciosa, meu filho celebra. Ele dá uma volta e nós passamos juntos pelas dunas para a praia. Lá, com as espumas brancas lambendo nossos pneus e o sol refletindo na água, desafiamos um ao outro com uma série de manobras. Ele me vence com facilidade, e eu me sinto profundamente satisfeita.

"E então, como foi minha subida?", pergunto ao meu filho. "Mãe, eu disse para ir a toda velocidade. Você foi rápido demais", ele explica pacientemente.

Uma torta na cara

Como escreve o psicoterapeuta Thomas Moore no livro *Noites escuras da alma*, os momentos complexos e difíceis não precisam ser sérios. Um momento ruim da vida pode ser "uma torta na cara – tira de você o ego inflado que você tem demonstrado", diz. Meus filhos se tornaram mestres em atirar tortas – encontrando as contradições e os paradoxos em meu comportamento e dando risada deles.

Quando saio com alguém, revivo minha paixão pela dança de minha adolescência. Meus filhos morrem de rir ao pensar na mãe em uma pista de dança. Fico surpresa com o que eles dizem. Brincando com eles, certa noite, fazendo um vídeo de família sobre polícia e ladrão, minha filha sugeriu: "Mamãe, você pode ser a fora da lei. Acho que você vai se divertir mais assim".

Deus não para de me enviar piadinhas, mostrando incongruências que me lembram de que está na hora de unir as pontas soltas de minha vida. Ao procurar pelas chaves de meu triciclo, encontro meu remédio para a osteoporose. Correndo ofegante na esteira vestindo minha calça de ginástica, quase tropeço quando meus óculos de leitura "de vovó" caem no chão. Brincando com uma amiga de meia-idade a respeito de querer parecer mais jovem, ela diz: "Quem liga para isso? Quem quer parecer uma menininha com tantos anos nas costas?"

Realmente. Depois de comprar um par de óculos de marca que me deixou parecida com a ex-modelo Christie Brinkley, ou pelo menos é o que eu espero, tiro-o da bolsa, ajeito a peça no rosto e sorrio para meus filhos. "Credo, mãe", meu filho diz. "Você está a cara do Ozzy Osbourne."

Uma carta de amor às nossas filhas

Meus filhos muitas vezes tomam o café da manhã com um símbolo da crise de meia-idade de minha mãe: uma velha bandeja de alumínio – um disco de cerca de setenta centímetros de diâmetro, com desenhos feitos à mão e virado nas bordas, típico dos anos 60. Ela a fez como parte de um curso que frequentou para se formar.

Eu já contei a meus filhos a história de como a avó deles, que nunca conheceram, fez um maravilhoso trabalho de criar seus filhos e depois começar uma segunda carreira gratificante como professora. Conto que ela apreciava a boa literatura, que adorava aprender, que gostava de conviver com seus alunos adolescentes ruidosos.

Aprendemos com nossas mães e passamos os legados delas, e os nossos, aos nossos filhos.

Pensando no exemplo de Kathleen Imel, procuro passar para os meus filhos o dom da consciência. Assim como aconteceu com ela, a crise de meia-idade amadureceu e refinou meus valores. No passado, eu orientava meus filhos para que alcançassem feitos, *status* e todas as armadilhas do caminho, como promete o mundo externo. Eu os pressionava para tirar boas notas, os matriculava nas escolas mais caras que podia, falava sobre ter boas notas para entrar em uma universidade de prestígio.

Agora, tenho me esforçado da mesma maneira para fazer com que eles deixem tudo isso de lado. O mais importante, digo a eles, é viver de dentro para fora. Ouça sua intuição e encontre o que você ama. Faça esforço e aja corretamente em todas as situações nas quais estiver envolvido, mas não se deixe levar pelas regras do mundo. Seja guiado por seus instintos, por suas paixões, pelo que você ama fazer, pelo seu sonho. Use suas forças, todas elas. Elas o ajudarão a estabelecer o caminho mais verdadeiro.

Durante todo o tempo, penso: escute sua alma agora, para que não tenha de começar a adolescência novamente aos 49 anos.

Procurando a Buscadora

Nenhuma palavra encontrada em meu estudo é tão verdadeira para mim quanto as de Molly: "Uma das principais lições da meia-idade é que você não pode ter medo de ficar sozinha com seus pensamentos".

Fico sozinha com mais frequência hoje em dia. Eu me ressinto dos laços apertados do envelhecimento. Mas sou grata por minhas aventuras. Já enfrentei meus medos e encontrei meus limites. Eles estão muito mais longe do que eu imaginava. Minha vida é riquíssima e meus sentidos estão voltados para alimentar o futuro.

Estou me voltando mais para a Buscadora agora. Pratico diariamente a disciplina para a meditação e os estudos espirituais, tentando aprender a ficar mais próxima de Deus e a levar uma vida amorosa. Em meus momentos mais pacíficos, sei que o mundo não gira ao meu redor. Apesar de não ter alcançado o nirvana, acredito que estou mais próxima de fazer as perguntas certas.

Como equilibrar minhas responsabilidades em relação aos outros com minhas responsabilidades comigo mesma?

Como tornar os últimos anos de meus filhos em casa os melhores que já tiveram?

Como posso ajudar as pessoas?

Como posso aprender a viver o momento? É tudo que tenho.

Na região central do Oregon, ainda há uma montanha que quero escalar. Os alpinistas conseguem subir sem equipamento, mas é difícil e alta o bastante para deixar uma pessoa de 20 anos sem fôlego. Ali, perto do deserto, onde o vento deixa a terra branca e a vegetação está sempre iluminada, sei que serei renovada.

Manter-se no caminho da meia-idade, esforçando-se para alcançar um maior crescimento, não é algo que fazemos. É algo que somos. Não vejo mais a meia-idade como uma maratona sem sentido, mas como uma passagem essencial de promessa e esperança.

Nesse aspecto, sou a prova de uma grande descoberta do estudo da Fundação MacArthur: a meia-idade costuma ser o melhor período da vida.

E isso me deu uma grande paz.

Notas

[1] Holly Danks, "Father Says 'Angel' Saved Son during Dogs' Attack", *The Oregonian*, 28 de julho de 2004.

[2] Dan P. McAdams, "Generativity in Midlife", in Margie E. Lachman (org.), *Handbook of Midlife Development*. Nova York: John Wiley & Sons, 2001, p. 425.

[3] William A. Sadler, *The Third Age: Six Principles for Growth and Renewal after 40*. Cambridge: Perseus Publishing, 2000, pp. 14-15 e 150-52.

[4] Thomasina H. Sharpe, "Adult Sexualty", *Family Journal: Counseling and Therapy for Couples and Families II*, outubro de 2003, p. 424.

[5] Sadler, op. cit., pp. 1-21.

[6] Centros de Controle de Doenças, Centro Nacional de Estatísticas de Saúde, "Births: Final Data for 2002", *National Vital Statistics Reports*, vol. 52, nº 10, 17 de dezembro de 2003, p. 6.

[7] J. M. Gottman e R. W. Levenson, "The Timing of Divorce: Predicting When a Couple Will Divorce over a 14-Year Period", *Journal of Marriage and the Family*, vol. 62, agosto de 2000, pp. 737-45.

Anexo A
A definição em desenvolvimento de crise da meia-idade

O conceito de crise de meia-idade tem um passado de altos e baixos. Durante grande parte da história humana, a meia-idade foi vista como uma época de declínio e decomposição. Em meados do século XX, acreditava-se que o crescimento e o desenvolvimento da psicologia humana se completavam no início da fase adulta. A vida depois dos 40 ou dos 50 anos era vista como um tempo de queda e aposentadoria.

O psicólogo Erik Erikson mudou tudo isso nos anos 50, estabelecendo uma forte teoria de que o desenvolvimento humano continua ao longo da vida. As pessoas passam por oito estágios, desde a infância até a terceira idade, Erikson acreditava, e cada estágio aproveita os sucessos do anterior. Como discutimos no capítulo 2, a metade da fase adulta é o importante sétimo estágio, que acontece entre o meio dos 20 e poucos anos e o final dos 50. O sucesso na meia-idade, com base no trabalho de Erikson, produz um indivíduo que sente profunda satisfação em participar de uma sociedade e contribuir com as outras pessoas. Grande parte do trabalho da vida é uma preparação para a meia-idade, e os últimos estágios são fortemente moldados pela maneira como passamos por ela.

Décadas de trabalho na psicologia foram influenciadas pela teoria dos estágios de vida previsíveis de Erikson. O termo "crise de meia-idade" foi inventado nos anos 60 pelo psicólogo Elliot Jacques, que descobriu que alguns artistas passavam por um declínio na produtividade perto dos 40 anos. O psicólogo Daniel J. Levinson, um profissional muito conhecido da Universidade de Yale e autor do livro *Seasons of a Man's Life* – texto a respeito dos estágios de desenvolvimento dos homens –, usou o termo em pequenos estudos sobre homens adultos. Tornou o termo definitivo para a teoria psicológica quando descobriu que muitos homens passavam por um período de turbulência ao se aproximar dos 40 anos. A crise de meia-idade passou a significar uma época de perda, questionamentos e procura que caracterizou a vida dos homens de meia-idade.

A ideia da crise de meia-idade ficou fortalecida na cultura americana depois que a jornalista Gail Sheehy passou a usar o termo na cultura popular. Com seu *best-seller* de 1976, *Passagens*, Sheehy jogou luz sobre a ignorância pública a respeito do desenvolvimento adulto. Como parte de sua teoria de passagens na vida adulta marcadas década por década, ela popularizou a ideia da crise de meia-idade como algo que atinge a maioria das pessoas aos 40 ou perto deles. Quando o termo se tornou comum, a compreensão das pessoas a respeito da crise de meia-idade se tornou muito simplificada, como um evento previsível e universal.

Muitos cientistas e psicólogos gastaram muita energia e esforços nos anos 90 tentando puxar o pêndulo de volta para o outro lado – mudar a ideia de que a crise de meia-idade é uma experiência universal que acontece em determinado momento da vida. Ao tentar equilibrar o cenário, eles desafiaram não apenas a universalidade da crise de meia-idade, mas também sua existência.

Hoje, poucos cientistas sociais acreditam que todos os adultos passam sem mudanças pelos estágios previsíveis da vida. A maioria dos pesquisadores está aceitando uma visão mais flexível e diversa de como os adultos mudam e crescem aos 20, 30, 40 e

50 anos. Cada pessoa é vista como em desenvolvimento ao longo de um curso de vida individualizado a seu próprio ritmo, com pontos de mudança acontecendo de anos em anos. Muitos acreditam que, apesar de passarmos pelos estágios, eles ocorrem e recorrem em diversos momentos, ou até em uma ordem diferente, com base nas diferenças individuais. As características de personalidade que são inatas e moldadas no começo da vida também desempenham um papel. Assim, os adultos se desenvolvem em um caminho moldado por uma combinação de características de personalidade, estágio de crescimento e contexto social e histórico. A visão da crise de meia-idade que eu tentei apresentar neste livro está em harmonia com essa definição mais ampla de desenvolvimento adulto.

A psicologia junguiana me tem sido muito útil para mapear um caminho construtivo pela meia-idade. Com base no trabalho do psicanalista Carl Jung, as pessoas desenvolvem uma *persona*, uma fachada social, na adolescência e no início da fase adulta, que oferece uma maneira de se relacionar com o trabalho, a família e a comunidade. Conforme crescemos e nos desenvolvemos, lutamos para tornar conscientes as outras partes de nós mesmos – as características, as necessidades, os desejos e as paixões – que tivemos de reprimir por diversas razões no início da vida.

Esse processo de se tornar um indivíduo e de satisfazer suas capacidades de potencial é chamado individuação, e a crise da meia-idade pode ser vista como uma época de rápido progresso nesse caminho. O objetivo é integrar todas as partes de nossa personalidade em um ser revitalizado, mais completo e mais rico. Esse processo traz consigo o potencial para a cura psicológica profunda. As energias que colocamos nessas tarefas "não podem ser contidas, assim como a alma não pode ser contida na meia-idade", é o que escreve o psicanalista Murray Stein. Como é revelado neste livro a partir das histórias das mulheres, elas nos levam para frente, em direção à completude, com uma energia que pode verdadeiramente transformar.

Anexo B
O estudo das cinquenta mulheres

O estudo não randômico no qual este livro se baseou foi realizado entre dezembro de 2003 e agosto de 2004. As cinquenta participantes foram escolhidas com base na afirmação de que haviam passado por uma "transição turbulenta na meia-idade" em algum momento entre 38 e 55 anos.

As mulheres foram identificadas por meio dos *e-mails* que recebi em meu trabalho como colunista; fazendo contatos com novas fontes, contatos profissionais e amigos; e por meio de anúncios nos jornais *The New York Times* e *Chicago Tribune*. Entrevistei todas as mulheres, com detalhes sobre a infância, a carreira, a família, a experiência de meia-idade e o resultado de sua transição nessa fase. As entrevistas duraram entre uma e seis horas, dependendo do estilo de oratória de cada mulher e de suas preferências. Os nomes foram mantidos em segredo para permitir que elas falassem livremente.

Quase todas as mulheres são dos Estados Unidos, com exceção de uma canadense. O grupo maior, de dezesseis mulheres, vive no Nordeste, incluindo Nova York, Pensilvânia, Connecticut, New Jersey e Washington, D.C. Três vivem na região da Nova Inglaterra, em Massachusetts.

O segundo maior grupo, com doze mulheres, é dos estados do Oeste, da Califórnia e do Oregon. O Centro-Oeste conta com oito participantes, dos estados de Michigan, Missouri, Illinois e Minnesota. Seis são do Sudeste, dos estados de Tennessee, Flórida, Louisiana, Georgia e Alabama. As outras são dos estados montanhosos, do Sudoeste ou de Toronto, no Canadá.

Fiz um esforço para incluir mulheres de uma gama diversa de ocupações e níveis de renda. O maior grupo, com nove mulheres, tinha empregos em grandes empresas, variando de diretoras a gerentes. Oito eram profissionais liberais, incluindo advogadas e fonoaudiólogas. Seis eram escritoras ou artistas, incluindo atrizes. Outras cinco eram professoras ou psicólogas. Quatro tinham empregos administrativos, incluindo contadoras e assistentes administrativas. Quatro trabalhavam com serviços relacionados a saúde e assistência social. Quatro eram mães que ficavam em casa com os filhos. Quatro trabalhavam como consultoras financeiras ou *freelancers*. Uma era uma executiva aposentada.

Sessenta por cento das mulheres eram casadas na época da entrevista. Quinze eram divorciadas, três nunca tinham sido casadas e duas eram separadas. Vinte delas tinham filhos ainda vivendo em casa, dezenove tinham filhos adultos e onze não tinham filhos.

Anexo C
Os arquétipos e a pesquisa sobre o envelhecimento

Cada um dos arquétipos que surgiram de meu estudo a respeito da crise de meia-idade das mulheres está ligado às qualidades e capacidades que contribuem para a saúde, a felicidade e o bem--estar na terceira idade.

Essa conclusão se dá com base em quatro grandes estudos. O primeiro, chamado Estudo das Freiras, foi uma longa pesquisa sobre o porquê de 678 irmãs católicas, entre as idades de 74 e 106 anos, viverem tanto tempo. Realizado por David Snowdon, epidemiologista e um dos maiores especialistas sobre o mal de Alzheimer, o estudo identificou as práticas e as atitudes entre as freiras que estavam relacionadas a melhor funcionamento mental, melhor saúde e menos deficiências. Snowdon resumiu suas descobertas no livro *Aging with Grace: What the Nun Study Teaches Us About Leading Longer, Healthier and More Meaningful Lives.*

Uma segunda pesquisa, o Estudo de Harvard sobre o Desen-volvimento Adulto, durou cinquenta anos e teve a participação de 824 pessoas, que foram analisadas a partir da adolescência e ao longo da vida. Liderado pelo psiquiatra da Escola Médica de Harvard e pesquisador George Vaillant, o estudo oferece modelos que mostram como e por que as pessoas mais velhas ficam felizes – ou não. Vaillant resumiu suas descobertas no livro *Aging Well: Surprising Guideposts to a Happier Life*.

À parte do projeto Meia-Idade nos Estados Unidos, um terceiro projeto, o Estudo sobre o Envelhecimento Bem-Sucedido da Fundação MacArthur, é um conjunto de estudos específicos realizados entre 1984 e 1995 por uma equipe interdisciplinar de importantes cientistas. Ele examina o papel de uma grande variedade de fatores, desde dieta e exercícios a estilo de vida e atitudes, na longevidade e no bem-estar na terceira idade. As descobertas são resumidas em *Successful Aging*, de John W. Rowe e Robert L. Kahn.

Um trabalho final, um estudo de doze anos com diversos homens e mulheres entre 45 e 80 anos, realizado pelo professor William A. Sadler, identifica seis princípios de crescimento e renovação depois dos 40 anos. Ele descreve sua pesquisa no livro *The Third Age: Six Principles for Growth and Renewal After 40*. Apesar de esse trabalho não ter a abrangência dos outros três, é claro e conciso em seu foco sobre o crescimento e a renovação na meia-idade.

O quadro a seguir marca as relações entre características selecionadas e competências consideradas importantes por esses pesquisadores e as características e competências relacionadas aos arquétipos descritos neste livro. Minha esperança é que esse quadro deixe clara a relação poderosa entre integrar de maneira bem-sucedida os seis arquétipos da crise de meia-idade e maximizar as possibilidades de uma terceira idade saudável e feliz.

Relacionando o arquétipo a uma terceira idade feliz*

Traços/Competências	Amante	Líder	Aventureira	Artista	Jardineira	Buscadora
			Estudo das Freiras			
Emoção positiva**	x	x	x	x	x	x
			Estudo da Fundação MacArthur			
Educação		x				x
Condicionamento físico		x				
Autoestima elevada	x	x	x	x	x	x
			Estudo de Harvard			
Receptividade a novas ideias		x	x	x		x
Cuidar dos outros	x				x	x
Curtir as conquistas do passado					x	
Esperança	x	x	x	x	x	x
Autonomia e iniciativa		x	x	x	x	x
Capacidade de se alegrar e se divertir			x	x	x	
Fazer amizades e mantê-las			x		x	

---

* Apesar de todas essas qualidades estarem presentes em certo grau em cada arquétipo, as relações têm base em uma tendência particular de trazer à tona a característica ou o atributo em alguém em quem ele havia sido latente.

** "Emoção positiva", nesse contexto, quer dizer expressões otimistas ou animadas, avaliadas em autobiografias escritas pelas freiras como noviças.

Traços/Competências	Amante	Líder	Aventureira	Artista	Jardineira	Buscadora
Estudo Sadler						
Capacidade de correr riscos	x	x	x	x		
Otimismo realista	x	x	x	x	x	x
Identidade positiva na meia-idade	x	x	x	x	x	x
Aprofundamento de relações	x				x	
Trabalho mais significativo		x		x		
Mais diversão			x	x		
Cuidar de si mesma	x	x	x	x	x	x
Cuidar dos outros	x	x			x	x
Cuidar da terra					x	

Bibliografia

ANDERSON, Joan. *Um ano junto ao mar: pensamentos de uma mulher inacabada.* São Paulo: Arx, 2002. Uma esposa amorosa e mãe incentivadora entra na crise da meia-idade, fugindo de um ninho vazio e de um casamento estagnado em direção a uma barraca à beira-mar, onde surgem novas possibilidades.

BRIDGES, William. *Transitions: Making Sense of Life's Changes,* 2ª ed. Cambridge: Da Capo Press, 2004. Uma explicação clássica para compreender as mudanças da vida adulta, mostrando como os previsíveis estágios de perda, vazio e renovação marcam cada nova fase.

BRONSON, Po. *O que devo fazer da minha vida? Histórias verídicas de pessoas que responderam a essa questão fundamental.* Rio de Janeiro: Nova Fronteira, 2004. Histórias bem contadas de cinquenta pessoas que mudaram o curso da própria vida no meio do caminho, oferecendo exemplos valiosos para superar os erros e tomar decisões corajosas.

COHEN, Gene D. *The Creative Age: Awakening Human Potential in the Second Half of Life.* Nova York: Quill, 2001. Um guia vibrante e informativo para manter a criatividade no envelhecimento, incluindo sua importância para a saúde, a vitalidade mental e o bem-estar.

HETHERINGTON, E. Mavis e KELLY, John. *For Better or for Worse: Divorce Reconsidered*. Nova York: W. W. Norton, 2002. Para aqueles cuja crise de meia-idade ameaça o casamento, este livro analisa os efeitos do divórcio, com base em um estudo de trinta anos, e ajuda a avaliar os riscos.

JAMISON, Kay Redfield. *Exuberance: The Passion for Life*. Nova York: Alfred A. Knopf, 2004. Exploração de uma das mais motivadoras emoções da vida e como ela impulsiona nossas realizações mais criativas, desde a música e a religião ao riso e à brincadeira.

KREININ, Tamara e CAMENS, Barbara. *Girls' Night Out: Celebrating Women's Groups across America*. Nova York: Crown Publishers, 2002. Um retrato vivo e inspirador de quinze grupos diversos de mulheres, com orientação a respeito de como formar o seu.

LANGER, Ellen J. *Mindfulness*. Reading: Addison-Wesley, 1989. Um livro importante sobre a arte de estar mentalmente presente e completamente consciente em diversos âmbitos da vida, incluindo os benefícios da consciência no processo do envelhecimento.

LESHAN, Lawrence. *Meditação transcendental*. Rio de Janeiro: Record, 1997. Um guia simples e direto sobre a meditação, que inclui uma explicação sobre como e por que ela pode abrir portas para o crescimento ético e psicológico.

LINDBERGH, Anne Morrow. *Presente do mar*. Rio de Janeiro: Sextante, 2009. Um clássico breve e lírico que explora com graça poética muitos dos temas que as mulheres procuram compreender hoje, incluindo simplicidade, solidão e sentido na vida.

MOORE, Thomas. *Cuide de sua alma*. São Paulo: Siciliano, 1993. Uma análise profunda sobre como os momentos mais sombrios e difíceis da vida podem curar e revigorar o espírito e redespertar o potencial criativo.

SEWELL, Marilyn (org.). *Breaking Free: Women of Spirit at Midlife and Beyond*. Boston: Beacon Press, 2004. Uma coleção de textos vívidos, geralmente poéticos, de mulheres notáveis, sobre diversas experiências na meia-idade, desde nadar nos rios gelados de Montana aos 60 anos até lidar com um adolescente problemático.

STEIN, Murray. *No meio da vida: uma perspectiva junguiana*. São Paulo: Paulus, 2007. Uma análise do poder transformador da crise de meia-idade, que inclui discussões a respeito de sonhos, arquétipos e histórias individuais.

TRAFFORD, Abigail. *Crazy Time: Surviving Divorce and Building a New Life*. Nova York: Harper Perennial, 1992. Essa versão atualizada de um *best-seller* de 1982 – primeiro livro a lidar honestamente com o resultado psicológico da separação – oferece um guia claro e não ideológico para se recuperar do divórcio.

WEINER-DAVIS, Michele. *Divorce Busting*. Nova York: Fireside, 1992. Um livro de conselhos diretos que tem o objetivo de ajudar casais com problemas a salvar o casamento.